2.a
2b.
1 a.
1 b.
2 d.
2 c.
2 e.
A.
B.

CHRISTEL MOUCHARD

Vorwort und einleitende Texte von
ALEXANDRA LAPIERRE

Frauen
EROBERN DIE WELT

Abenteuer – Reisen – Expeditionen
Unterwegs auf fernen Kontinenten

Aus dem Französischen von
Franziska Weyer

Flammarion

Inhalt

Was trieb sie an?

»Gehorchen bedeutet den Tod!«

Mit diesen Worten beginnt Alexandra David-Néel ihr erstes Buch, *Pour la vie,* und hat damit schon alles gesagt. Mit diesem Aphorismus wendet sie sich gegen bestehende Vorstellungen, verbindet sie das Abenteuer mit dem Schreiben, erhellt sie ihren eigenen Werdegang und erzählt in einem Satz die Geschichte der großen Abenteurerinnen.

Für ihre Neugier, etwas von der Welt zu erfahren, und für ihre Suche nach einer eigenen Wahrheit braucht sie genau diesen Mut, den Mut zum Ungehorsam.

Wie sieht das weibliche Abenteuer aus?

Vom Abenteuer zu sprechen bedeutet, von Männern und Frauen zu sprechen, die leidenschaftlich Grenzen überschritten haben. Das Wort *Abenteurerin* steht jedoch weder für Abschied noch für in die Ferne ziehen oder reisen, sondern erzählt vielmehr von Ehrgeiz, Intrigen und käuflicher Liebe. Selbst als im 20. Jahrhundert das Wort *Abenteuer* von André Malraux als »darüber hinausgehen« definiert wird, bezeichnet man mit Abenteurerinnen dennoch nicht diejenigen, »die sich ins Unbekannte vorwagen«. Um sie von Spioninnen und Kurtisanen zu unterscheiden, bedarf es erst noch eines qualifizierenden Adjektivs: die *großen* Abenteurerinnen. Doch vergebliche Liebesmühe, denn Malraux frotzelt: »Die Männer haben ihre Reisen, die Frauen haben ihre Liebhaber!« Den Männern verdanken wir also die Eroberung der Welt, den Frauen die Eroberung der Männer. Wie sollte es auch anders sein?

Seit Urzeiten bis hinein ins 20. Jahrhundert sind die Frauen im romanischen Süden Europas *stricto sensu* Besitz der männlichen Mitglieder ihrer Familie. Als Jungfrauen gehören sie nach dem Gesetz ihren Vätern, verheiratet ihren Ehemännern und als Witwen ihren Söhnen. Weder ein junges Mädchen noch eine Frau darf, da lebenslang unmündig, ohne die Unterstützung eines Mannes einen Vertrag unterschreiben, eine Sache erwerben oder verkaufen, reisen oder auch nur existieren. Gegen dieses Gesetz zu verstoßen bedeutet, sämtliche Risiken allein zu tragen, vor allem das Risiko, das Essentiellste zu verlieren: den Platz im Universum, den Ehemann, die eigenen Kinder, das Familienleben sowie die gesellschaftliche und berufliche Stellung.

»Von welchem Leben sprecht ihr denn?«, fragt die Forscherin Freya Stark rebellisch, jene Frau, die 1930 allein im Herzen des Iran das Tal der Mörder entdeckt hat. »Es gibt kein Leben, kein *wahres* Leben, wenn sich das, woran wir glauben, von dem unterscheidet, was wir tun.« Woran glaubte Freya Stark? Worin bestand für sie dieses *wahre,* dieses einzig lebenswerte Leben?

»Man muss nicht notwendigerweise hoffen, um etwas beginnen zu können«, lautet wie ein schmerzliches Echo die Antwort der Reiseschriftstellerin Annemarie Schwarzenbach. »Und nicht erfolgreich sein, um dabei zu bleiben.« »Ich liebe dieses wilde Leben«, fügt Odette du Puigaudeau hinzu, die barfuß durch die Wüste Mauritaniens wanderte, »dieses Leben, bei dem ich mich weder als Mann noch als Frau fühle, sondern als menschliches Wesen, das auf seinen eigenen Füßen steht.«

Was verbindet diese drei weiblichen Pioniere des 20. Jahrhunderts mit all denen, die loszogen, um Neuland zu erschließen? Die Neugier, zweifelsohne. Das Gefühl, nicht zur Gesellschaft, die sie umgibt, zu gehören? Mit Sicherheit! Ein unstillbarer Durst nach Wahrheit. Und Angst. Ja, jene gewaltige Furcht, sich nie verwirklichen zu können. So teilen sie das Bedürfnis, sich abzuheben, den maßlosen Stolz, die Einsamkeit.

Doch was verbindet Karen Blixen, die Autorin des Buchs *Jenseits von Afrika* (ursprünglich *Afrika, dunkel lockende Welt)* und Catalina de Erauso, jene Nonne, die im Goldenen Zeitalter als Soldatin für Spanien kämpfte? Was verbindet Alexine Tinne, die flamboyante holländische Adelige, die zwischen ihren Dienern und den Kamelen in der ägyptischen Wüste zeltete, und Margaret Fountaine, jene ältliche Jungfer, die in Amazonien auf Schmetterlingsjagd ging? Welche Gemeinsamkeiten lassen sich über Zeit und Ort hinweg bei all diesen Frauen so unterschiedlichen Charakters finden?

Eine Eigenschaft mit Sicherheit: Sie alle vertrauen ihrem Instinkt und folgen ihrer Leidenschaft. Nichts und niemand – weder Menschen noch andere Vorstellungen noch Ängste – können sie von ihrem Weg abbringen und ihre Seelen hungrig sterben lassen. Karen Blixen, Freya Stark, Alexine Tinne, Margaret Fountaine und all die anderen Frauen in diesem Buch wollen aufrecht leben. Dieser Gedanke hat sie angetrieben und ihnen die Kraft geschenkt.

Doch um diese geistige und emotionale Freiheit zu erlangen, die sie bis ans Ende der Welt führt, und die ihnen ihre unglaubliche Autonomie schenkt, mussten sie alle – auch die konventionellsten, die weisesten und die frommsten Frauen – zunächst einmal NEIN sagen.

Eine schmerzliche Lehrstunde.

Die erste Generation der Rebellinnen ist eine Generation der Überlebenden, die ihr Heil nur in der Flucht sehen.

Die Spanierin Catalina de Erauso, die sich im Zeitalter der Inquisition der Macht der Kirche widersetzt, flieht aus dem Kloster, in das ihr Vater sie gebracht hat, flüchtet durch ganz Spanien, schifft sich nach Übersee ein, kämpft gegen die Indianer der Neuen Welt und versteckt sich hinter so vielen männlichen Identitäten, dass sogar ihre Liebhaberinnen und Anhängerinnen irgendwann ihre Spur verlieren.

Die Engländerin Aphra Behn, die in Holland und in Surinam auf der Suche nach Glück und Reichtum umherreist, unterschreibt auf der Flucht ihre Briefe mit falschem Namen – bevor sie im Gefängnis von London landet. Nach ihrem Tod wird sie in der Gruft von Westminster Abbey beigesetzt und ist damit die einzige Frau in der Geschichte, der diese Ehre zuteil wird.

Und schließlich Isabel Godin des Odonais, die den Urwald Amazoniens durchquert, um ihr Leben zu retten.

Die zweite Generation, die reisenden Frauen in Krinolinen, verhalten sich im Umgang mit Autoritäten, die ihnen Stolpersteine in den Weg legen, klüger – und geduldiger. Bevor die Zeitgenossinnen der Königin Viktoria ihre Zelte in der Heimat abbrechen, warten sie geduldig, bis das Leben sie von ihrer Verantwortung gegenüber ihren Liebsten entbindet. Ein Trauerfall, und sie stechen in See. Der Tod des Vaters, das Verschwinden des Ehemanns oder des Bruders – die Damen brechen also erst spät auf. Mary Kingsley verbringt die ersten dreißig Jahre ihres Lebens damit, ihre kranke Mutter zu pflegen. Isabella Bird und Marianne North brechen erst mit vierzig Jahren auf. Doch einmal unterwegs, halten sie nichts und niemand mehr auf. Genau wie einst die Frauen auf der Flucht, die ihre Freiheit mit dem Degen eroberten, lassen sich die alten Jungfern und achtbaren Witwen nicht mehr von ihrem Pfad abbringen. Und wehe dem, der sich ihnen in den Weg stellt. Sie haben gelernt, dass ihr Leben nur das wert ist, was sie ihm abgerungen haben. Sie wissen, sich zu verteidigen. »Auch wenn ich wusste, dass meine Pistole geladen war, habe ich doch – ganz vorsichtig – den Spannhebel kontrolliert«, erzählt Miss Bird. »Der Effekt ließ nicht auf sich warten.« Sie können auch angreifen: »Wenn ich bis drei gezählt habe«, ruft May French Sheldon aus, »töte ich alle Männer, die nicht aufrecht stehen!«

Der Wahnsinn und die Grausamkeit der beiden Weltkriege macht es den beiden nachfolgenden Generationen möglich, in großen Sprüngen voranzukommen. Doch so sehr sie vorwärtsdrängen, auch sie erleiden Krisen und müssen Rückschläge einstecken. Außerdem tauchen neue Fragen auf. Wie lässt sich Liebe mit dem Ruf der Wildnis vereinbaren? Eheleben mit Freiheit? Die Mutterrolle mit der Abwesenheit? »Liebe, ja, aber bloß keine Kinder!«, ruft die Ozeanografin Anita Conti aus. Doch wie lässt sich das Leben als Paar umgehen, ohne auf Partnerschaft völlig zu verzichten?

Ähnlich ihren Vorgängerinnen, die vor ihrem Aufbruch den Tod der Eltern abwarteten, warten jetzt einige, bis ihre Kinder erwachsen sind. Und doch verursacht die in ihnen nagende Suche nach der Wahrheit, die die eigene Herkunft, das Leben und den Tod berührt, gleichzeitig ihre Isolation. Wie sich dieser Einsamkeit stellen, wie sie ertragen und wie sich gegen all jene behaupten, die sie lieben, ohne sich selbst zu verlieren? Dafür gibt es nur ein einziges Mittel: ein Glied in der langen Kette menschlicher Erkenntnis werden. Sich bewusst machen, was man gesehen und erlebt hat. Diesen unglaublichen Traum bezeugen, der die Menschheit dazu verführt, Krankheit und Tod zu trotzen, unbekannte Kontinente zu entdecken, Fahnen auf scheinbar unerreichbaren Gipfeln zu hissen.

Was diese großen Abenteurerinnen von den Hunderten von Reisenden und Tausenden von Touristen unterscheidet, ist genau das: die Weitergabe ihrer Erfahrungen durch das Schreiben.

»Trotzdem und vor allen anderen«, schrieb die Gipfelstürmerin Ella Maillart wie zur Bestätigung, »ist das beste Mittel, sich von einer unstillbaren Sehnsucht zu befreien, sie in die Tat umzusetzen!«

Alexandra Lapierre

4
The cold, not cruelty makes her weare
In Winter, furrs and Wild beastshaire
Winter
For a smoother skinn at night,
Embraceth her with more delight.

Kuriositäten

Im Allgemeinen werden die ersten weiblichen Entdeckungsreisen um 1850 datiert, was nicht heißt, dass die Frauen bis dahin keine Lust zu reisen verspürten. Daran hat es ihnen nie gefehlt, was einige Namen bestätigen, die aus dem Dunkel der Geschichte bis zu uns vorgedrungen sind. Namen von Frauen, die von den Chronisten als Kuriositäten präsentiert werden, als Merkwürdigkeiten, wunderliche, ausgefallene Wesen, die es zu bestaunen gilt.

Die Frau im Kostüm des Pagen

erregt seit jeher die Fantasie.

Kleideten sie sich wie Männer, gilt ihre Erscheinung als Wunder. Die Frau im Kostüm des Pagen erregt seit jeher die Fantasie. Sie durchzieht die Literatur, die Träume und gleichzeitig die Geschichte des Reisens. Dutzende Namen ließen sich zitieren, falsche Soldaten, falsche Matrosen, falsche Cowboys. Die meisten dieser Überläuferinnen wurden nie enttarnt. Der Forscher Henry Morton Stanley erinnert sich in seinen Memoiren daran, wie er als junger Vagabund nach New Orleans kam und dort das Zimmer mit einem jungen Mann teilte, der in Wirklichkeit eine Frau war. Kit Carson, der legendäre Trapper, erzählt eine ähnliche Begebenheit, die ihm angeblich auf seiner ersten Reise gen Westen widerfahren ist. Viele Frauen haben diesen Schritt aus reiner Not getan, um zu überleben, um vor einem Mann zu fliehen oder um einem Mann zu folgen. Einige jedoch genossen die Verkleidung, lehnten ihren weiblichen Körper ab – und wurden merkwürdigerweise umso mehr als Frau bewundert.

Weigerten sie sich, sich den allgemeinen Moralvorstellungen zu unterwerfen, nennt man dies ebenfalls ein Wunder. Als Spioninnen und Kurtisanen und vor allem als Reisende überschritten sie genauso oft Grenzen wie Männer, sie fälschten Landkarten und mischten die Spielkarten, mit denen sie das Vermögen ihrer mächtigen Gönner verspielten. Ihnen verdankt das Wort *Abenteurerinnen* einen bitteren Beigeschmack, dem die tugendhaften reisenden Damen des 19. Jahrhunderts etwas Ehrenhaftes verleihen wollten.

Überlebten Frauen dort, wo Männer starben, wird auch dies als Wunder bezeichnet. Wenn sie in der Lage waren, allein das Packeis zu überqueren oder einen tropischen Urwald zu durchwandern, mit nackten Füßen, ohne genügend Nahrung und Kleidung, besaßen sie augenscheinlich Fähigkeiten, die allein dem starken Geschlecht vorbehalten waren. Müssen in einer Gruppe Schiffbrüchiger nicht Frauen und Kinder zuerst sterben? Trifft das Gegenteil ein, ist die Ordnung auf den Kopf gestellt. Der Chronist betrachtet die Kreatur und denkt lange erstaunt und beunruhigt über sie nach, wobei er vergisst, dass diese Ordnung der Welt allein unseren Köpfen entspringt und nicht der Realität entspricht. Die Geschichte der Völkerwanderungen zeigt, dass es sich bei diesen Überlebenden nicht um seltene Exemplare handelt, sondern vielmehr um zahllose bescheidene und außergewöhnliche Abenteurerinnen, unbekannte Heldinnen, die in den gewaltigen Umwälzungen untergingen, die zur Vertreibung ganzer Völker von den Kontinenten geführt haben.

PiRou. ph.

Ein fünfzehnjähriges Mädchen im Gewand einer Novizin allein in einem Kastanienwald in der Nähe von San Sebastián in Spanien. Man schreibt das Jahr 1607. Über ihre Arbeit gebeugt, näht sie »artig«, wie man sagt, wenn es sich um ein junges Mädchen und das Nähen handelt. Doch Catalina de Erauso näht nicht artig, sondern sie näht sich hastig Männerkleider, die ihr nach der Flucht aus dem Kloster, in das sie von ihrer Familie gebracht worden ist, das Tor zur Freiheit öffnen werden.

Spanierin
1592–1650?

Catalina de Erauso

Die Waffen und die Freiheit

Aus ihrem Rock näht sie Pumphosen, aus ihrem Gewand Wams und Gamaschen. Und die letzte, radikale Handlung: Sie schneidet sich die Haare ab. So beginnt eine Irrfahrt, die nur durch ihre recht männliche Physiognomie und die damalige Organisation des Militärs möglich ist. Mehrfach verdingt sie sich in der Armee und in der Leibgarde, hält es jedoch nie lange aus, da es, wie sie selbst sagt, ihrem rebellischen Geist schwerfällt, sich irgendeiner Form von Disziplin zu unterwerfen. Meist hält sie sich im Umfeld der Familie auf, was vermuten lässt, dass das Geheimnis ihrer wahren Identität nicht so gut gewahrt ist, wie sie es in ihren Memoiren glauben machen will. Zweifellos hat ihre nähere Umgebung frühzeitig erkannt, dass die junge Catalina für ihr eigenes Geschlecht verloren war.

Um 1615 überquert sie den Atlantik, ohne jedoch damit die Zivilisation zu verlassen, denn zur damaligen Zeit ist Spanien das mächtigste Reich der Welt, ein Reich, »in dem die Sonne niemals untergeht«. Peru im Nordwesten Südamerikas war das Herz dieses Eldorados. Täglich legen dort mit Gold beladene Galeonen ab, die von den angrenzenden Staaten heftig angegriffen werden. So nimmt Catalina zum ersten Mal an Kampfhandlungen teil, als die spanische Flotte in der Höhe von Cartagena von einem holländischen Geschwader attackiert wird.

Der Pulverdampf gefällt ihr so gut, dass sie sich entschließt, einem Regiment beizutreten, das nach Chile aufbricht. Fast zehn Jahre lang kämpft sie dort gegen die aufständischen Indios. Dabei erhält sie den Beinamen, mit dem sie in die spanische Geschichte eingehen wird. Als sie im Kampf eine Fahne zurückerobert, die ein Feind an sich genommen hatte, wird sie »Nonne Fähnrich« getauft. Später wird sie als

Vorhergehende Doppelseite, links:
Die Belagerung Cuzcos durch Francisco Pizarro.
Rechts: Catalina de Erauso vor ihrer Abreise in die Neue Welt. Kupferstich nach einem Gemälde von Francisco Pacheco.

Oben: Schlachtgetümmel. Peruanische Schule.

Gegenüber, oben: Alte Ansicht von Cuzco in Peru.
Unten: Die Anden in Chile. Unbekannter Maler.

Kompanieführerin entlassen, weil sie befohlen hatte, einen Indio zu hängen, wobei ihr Vergehen darin bestand, dass es sich um einen zum christlichen Glauben übergetretenen Indio handelte. Noch später wird sie aus obskuren Gründen zur Flucht aus der Armee und zu weiteren Irrfahrten gezwungen, diesmal entlang der Anden.

Es ist überflüssig, alle Einzelheiten aus ihrer Autobiografie wiederzugeben, die einem wilden Abenteuerroman gleicht, dessen Wahrheitsgehalt manchmal angezweifelt werden darf. Dennoch stimmen die Schilderungen im Kern, denn auch Zeitzeugen wie Pater Fray Diego de Sevilla haben sie so beschrieben. Er hat, nachdem er sie in Vera Cruz gesehen hatte, über sie vor Gericht ausgesagt: »*La Monja Al Farez* [die Fahnennonne], die sich Don Antonio de Erauso nannte, besaß Neger, Maultiere und Karren... Sie wurde als mutiger und gewandter Ritter angesehen. Sie trug Männerkleidung, eine silberne Rüstung sowie Schwert und Degen und wusste hervorragend damit umzugehen.«

Das Todesdatum Catalinas ist nicht bekannt, doch ihre Memoiren haben die Jahrhunderte überdauert. Sie diktiert sie 1626 in Rom, als sie dort bei einer päpstlichen Audienz darum bittet, weiterhin als Mann leben zu dürfen. Publiziert wurden sie allerdings erst zwei Jahrhunderte später, seitdem aber in viele Sprachen übersetzt und für Bühne und Film adaptiert. »Sie hatte nie schlechte Absichten«, schreibt der Pilgermönch Pedro de la Valle nach einem Treffen im Jahr 1626, »doch ihre Berufung galt den Waffen und der Freiheit.«

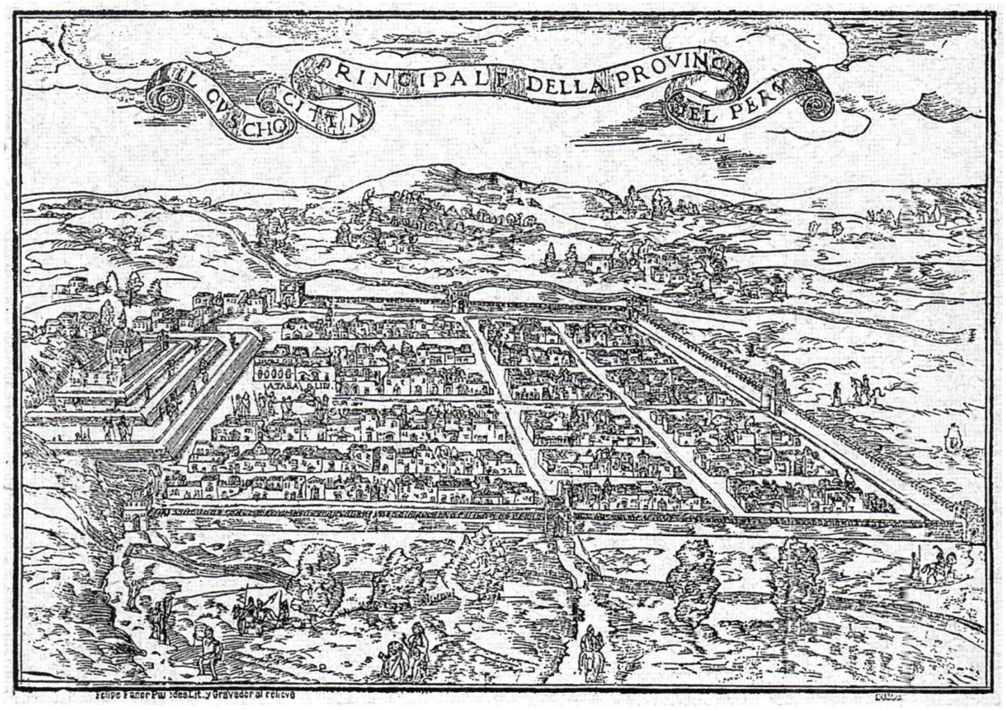

Nie ein Bad nehmen

*»Sie besitzt keine Brüste,
und diese Dame hat mir erzählt,
dass sie eine Medizin, deren Name
mir entfallen ist, verwandte,
um sie auszutrocknen und sie völlig
flach erscheinen zu lassen.
Zudem sagt sie, dass sie niemals
ein Bad nimmt und sich um
männliche Manieren bemüht.«*

*Pedro de la Valle;
zitiert nach Marie Dronsart:
Les grandes voyageuses. Paris, 1894.*

Die Abenteurerin des 17. Jahrhunderts muss eine Vergangenheit voller Schatten haben. Dies ist Teil ihrer Persönlichkeit. Sie muss ein wenig lügen, denn am Ende darf man nicht mehr recht wissen, wer sie eigentlich ist, sondern nur ihre Schönheit und ihre geheimnisvolle Aura sollen im Gedächtnis bleiben. Eine von ihnen ist Aphra Behn. Lange bezweifelte man, ob sie je wirklich gereist ist, so sehr hat sie die Geschichte ihres Lebens mit den unwahrscheinlichsten Erzählungen ausgeschmückt.

Aphra B

Unsere Agentin i

Ihre jüngste Biografin Janet Todd hat sich lange in die englischen und niederländischen Archive vertieft, um ihr endlich gerecht zu werden. So weiß man heute, dass Aphra Behn tatsächlich gereist ist und als Spionin tätig war, bevor sie eine der wichtigsten Schriftstellerinnen ihrer Zeit wurde.

Warum hat diese Frau mit so freiheitlicher Gesinnung erzählt, sie entstamme einer adeligen Familie, wo sie doch 1640 als Tochter eines Barbiers und einer Amme geboren wurde? Warum hat sie erzählt, sie habe ihren Vater nach Surinam begleitet, als dieser dort zum Gouverneur berufen worden sei, wo ihre Familienverhältnisse für eine derartige Reise doch viel zu bescheiden waren? Zweifelsohne hatte die später gefeierte Frau Angst, einige der adeligen Zeitgenossen würden ihr die Tür vor der Nase zuschlagen, hätte sie gestanden, allein in diese weit entfernte und wilde Kolonie gereist zu sein. Geheimnisvoll bleibt aber, wie es ihr gelungen ist, sich als erfolgreiche Schriftstellerin zu etablieren.

Verführerisch, belesen, einsam und arm... Die Möglichkeiten der vermutlich von der jungen Reisenden ausgeübten Tätigkeiten sind sehr begrenzt: Spionin oder Kurtisane. Vermutlich wurde die junge Aphra Behn (damals Aphra Johnson) 1663 von Lord Willoughby, einem Generalleutnant im Dienst der Regierung, beauftragt, in der Kolonie Surinam die Machtstreitigkeiten zwischen Gouverneur und Siedlern zu beobachten. Sicherlich hat sie diese Zeit mit wachem Blick verbracht, denn der Roman *Oroonoko,* der auf ihren in Südamerika gemachten Erfahrungen basiert, beschreibt die Situation der Sklaven, die von den Gouverneuren ausgeübte Tyrannei sowie die Mischung aus Luxus, Instabilität und fürchterlichen hygienischen Verhältnissen, die

Vorhergehende Doppelseite, links: Sklavenhandel in Surinam.
Rechts: Porträt der dreißigjährigen Aphra Behn von Mary Beale.

Oben: Die Haftbedingungen der Sklaven in Surinam führen zum Aufstand.

Gegenüber: Aphra Behn. Posthumer Kupferstich, 1716.

diese kleinen Kolonien kennzeichneten. Es bedarf jedoch keiner Suche nach Anachronismen. Im Gegensatz zu dem, was man zwei Jahrhunderte später über sie schreiben wird, ist Aphra Behn weder eine Vorreiterin der Abschaffung der Sklaverei noch eine Wegbereiterin der exotischen Literatur. Ihr Roman ist vielmehr eine ultraroyalistische Allegorie, die zu der Zeit erscheint, als der König von England von Wilhelm von Oranien und seinen Partisanen bedrängt wird. 1664 heiratet sie pikanterweise den holländischen Sklavenhändler Johan Behn, der schon ein Jahr später stirbt. Der Tod ihres Mannes erlaubt der fünfundzwanzigjährigen Witwe ein ungebundenes Leben. Als treue Anhängerin des Königs wird sie 1667 als Geheimagentin nach Holland entsandt. Sie soll, so liest man in den Archiven, den Wert einiger Informationen bewerten, die ein Doppelagent der englischen Krone verkaufen will. Dieser Mann, ein englischer Abenteurer namens Scot, versichert, im Besitz vertraulicher Dokumente über die holländische Armee zu sein, und wird von London verdächtigt, im Dienst des Feindes zu stehen, den er ausspionieren sollte. Aphra, die unter dem Decknamen »Astrea« agiert, ist beauftragt herauszufinden, ob es sich bei dem Informanten wirklich um einen Verräter handelt. Ihren Berichten zufolge war Scot beim ersten Kontakt recht reserviert, hat aber in der Folge sehr bereitwillig ihre Fragen beantwortet, ein Gesinnungswandel, der nicht allein der Redegewandtheit der Spionin zu verdanken sein dürfte. Aphra Behn verleugnet ihre weiblichen Waffen nicht und lebt durchaus von ihrem Charme, auch wenn sie die Bezeichnung Kurtisane ablehnt.

Zweifelsohne hofft die Abenteurerin, sich mit dieser Mission zumindest die Anerkennung des Königs zu sichern und so einen Platz am Hof zu bekommen. Doch sie verliert alles: Direkt nach ihrer Ankunft in London wird sie wegen ihrer Schulden ins Gefängnis geworfen. Es ist gut möglich, dass sie ihre Mission nie erfüllt hat. Einige Indizien deuten darauf hin, dass Scot sie nicht gleichgültig gelassen hat.

Nach ihrer Entlassung wird die Literatur zu ihrer Retterin. Ihre geistreiche und freizügige Feder bringt ihr schließlich das ein, was sie sich so sehr von ihren politischen Schachzügen erhofft hatte. 1670 feiert man begeistert die Uraufführung ihres Bühnenwerks *The Forced Marriage,* ein Erfolg, an den weitere, ebenfalls recht frivole Stücke anknüpfen. Als sie 1689 bewundert und von den Mächtigen hofiert stirbt, wird mit der *Glorious Revolution* gerade das Ende der absoluten Alleinherrschaft des Königs gefeiert, für den sie sich so verwegen eingesetzt hatte.

Parfum und Rouge als Munition

Aphra Behn an einen vom Alter gezeichneten Reeder, als dieser sie bittet, seine Mätresse zu werden.
»Haben Sie eine Vorstellung davon, was es bedarf, eine Fregatte wie mich auszustatten, die den Hafen der Liebe als Ziel hat? Seide, Linnen und Samt als Takelage, Bänder und Spangen als Beflaggung, Diamanten, Gold und Perlen für die Kanonen, Parfum und Rouge als Munition, Spitzen und Stickereien für mein Heck, Wein, Pralinen und feine Speisen als Fracht.
Und um den Wind zu entfachen, der mich vorantreibt, Bälle, Maskeraden, eine Karosse mit sechs Pferden, Spaziergänge und heitere Ausflüge aufs Land.«

Aphra Behn an den holländischen Reeder Van Bruin; zitiert nach Janet Todd: The Secret Life of Aphra Behn. London, 2000.

Isabel Godin ist eine liebende Ehefrau. Sie hat sich geschworen, koste es, was es wolle, zu ihrem Mann zu gelangen. Während sich Isabel in Peru aufhält, ist Jean Godin des Odonais in Cayenne, also durch dreitausend Kilometer unerforschten Amazonas-Urwald von ihr getrennt. Frankreichs König und die Wissenschaften sind Grund für ihre Ehe und für ihre Trennung. 1735, fünfunddreißig Jahre zuvor, war eine geografische Mission von König Ludwig XV. nach Peru entsandt worden, an der Jean Godin teilnahm.

Franko-Peruanerin
1727–1792

Isabel Godin des Odonais

Überlebende

In Peru heiratet 1741 der junge Franzose die dreizehnjährige Isabel de Casamayor y Bruno, die einer großen peruanischen Familie entstammt. Acht Jahre später beschließt Jean Godin, nach Frankreich zurückzukehren, um eine Familienerbschaft zu regeln. Sobald er die Reiseformalitäten geregelt hat, soll seine Frau zu ihm stoßen. Doch in Cayenne in Französisch-Guyana hindern ihn politische Unruhen daran weiterzureisen, und er lässt sich dort nieder. Die Zeit vergeht – einundzwanzig Jahre! Als 1769 ihre einzige Tochter stirbt, beschließt Isabel, nicht länger zu warten, und organisiert mit ihren Brüdern eine Expedition, um den Amazonas hinunter bis zum Atlantik zu gelangen.

Doch das Abenteuer wird schnell zur Katastrophe. Die Missionsstationen, die die Reisenden aufnehmen sollen, sind verlassen. Eine Pockenepidemie hat die Jesuiten vertrieben, so müssen die Flussfahrer ohne Nahrung weiterreisen. Sie kentern an den Steilufern des Flusses Bobonaza. Die Überlebenden kampieren, doch niemand eilt ihnen zur Hilfe. Sie versuchen, am Ufer weiter voranzukommen, doch der Tod schlägt erbarmungslos zu. Nacheinander sterben die sieben Begleiter Isabels. So findet sie sich plötzlich allein mitten im Urwald, ohne Nahrung und nur noch mit Fetzen am Leib. Aus den Schuhen der Toten fertigt sie sich solide Sandalen und macht sich allein auf den Weg. Nach etwa zehn Tagen, in denen sie sich nur von Vogeleiern und wilden Früchten ernährt, und vom Fieber und Geschwüren geschwächt, entdeckt sie auf dem Fluss eine Piroge mit zwei Indios. Diese bringen sie zur nächstgelegenen Mission. Einige Monate später gelingt es ihr schließlich, sich zu ihrem Ehemann durchzuschlagen und mit ihm nach Frankreich zu reisen.

Vorhergehende Doppelseite, links:
Pittoreske Darstellung des Amazonas-Urwalds von Graf de Clarac.
Rechts: Isabel Godin des Odonais.
Illustration von Chevignard in *Le Magasin pittoresque,* 1854.

Oben, links: Blick auf den Außenbezirk Limas, in dem die Eingeborenen leben.
Kolorierter Stich von Paolo Fumigalloi.
Oben, rechts: Im brasilianischen Urwald.
Darunter: Caripuna-Indios mit Tapiren.
Stich aus *The Amazon and Madeira Rivers* von Franz Keller, 1874.

Gegenüber: Nach einer Pockenepidemie versucht Isabel Godin, sich durch den Regenwald zu ihrem Mann durchzuschlagen.

Viele Biografen* sind der Meinung, dass eine Frau eine solche Prüfung nicht überstehen könne. Glaubt man ihnen, so hat sie ihr Leben, verfolgt von den schrecklichen Erlebnissen, als Geist ihrer selbst beendet. Doch ihr Todesjahr – 1792 – macht skeptisch. Isabel la Créole hat diese schrecklichen Erlebnisse noch dreiundzwanzig Jahre überlebt, was durchaus beachtlich ist... Leider ist sie nie gebeten worden, Details über ihr Leben im Urwald preiszugeben, und so weiß man nichts über ihre Jagden, ihre Nächte, ihre Fußmärsche und ihre Kämpfe gegen die Widrigkeiten. Selbst die durch ihren Ehemann überlieferten Informationen sind spärlich. So können wir uns nur vage vorstellen, mit welcher Kaltblütigkeit sie ihren toten Brüdern die Schuhe ausgezogen haben muss, wie sie nachts unter den großen Bäumen campiert und Schutz vor dem Regen gesucht und mit bloßen Händen in Nestern und in der Erde Nahrung gesucht hat und sich ein Lager geschaffen haben muss. Obwohl Isabel dieses Abenteuer nur unfreiwillig auf sich genommen hat, ist sie dennoch eine Vorreiterin für all die einsamen Abenteurerinnen, die ein Jahrhundert später aufbrechen werden.

Über Nacht ergraut

»Die Erinnerung an das lange und fürchterliche Schauspiel, das sie durchlebt hatte, an die Schrecken der Einsamkeit und die albtraumhaften Nächte, an den Tod, den sie stets vor Augen hatte, an die Angst, jeder Moment könne sich wiederholen, hat ihr Haar weiß werden lassen.«

Brief von Jean Godin des Odonais 1778 an Charles de La Condamine, den Leiter der geografischen Mission, mit der er viele Jahre zuvor nach Peru gekommen war.

Zitiert nach Jean Godin des Odonais: Relation du voyage de Madame Godin, son épouse. Paris, 1778.

1850–1890

Die Zeit der Krinolinen

1850–1890

Wie haben sie überlebt?

Ich habe Erfolg – oder ich sterbe!

Zwar unterstützte die Gesellschaft überall und seit jeher den Wunsch der Männer zu reisen und ihren Durst nach Ruhm, doch sie ermutigte keineswegs die Frauen, nach Höherem zu streben. Von all jenen, die davon träumen, Risiko auf sich zu nehmen, die Heimat zu verlassen, sämtliche Grenzen zu überschreiten und auf sich gestellt ins Unbekannte vorzustoßen, bleiben in den Geschichtsbüchern nur jene, die überlebt haben und zurückgekommen sind. Der Erfolg – er unterscheidet die großen Abenteurerinnen in den Augen der Nachwelt von den Dilettanten und Ahnungslosen.

Die Forscherinnen in Krinolinen haben Sinn für Humor.

Jene, die sich entschließen, ans Ende der Welt zu reisen, dürfen keinen Fehler machen. Sie haben Erfolg – oder sie sterben.

Was tragen sie tief in ihrem Innersten, das ihren Erfolg garantiert? Was haben sie an sich, dass sie siegen und überleben?

Die Meisten haben nichts. Weder finanzielle Mittel noch körperliches Training noch wissenschaftliche Kompetenz. Nicht einmal Jugend. »Sie müssen verrückt sein!«, urteilen Zeitgenossen.

Sie wählen ein Leben ohne Luxus, Ruhe oder die Aussicht auf Sinnesfreuden. Im Gegenteil, nichts als Härte, eiserne Disziplin, Ordnung. Das Planen und Organisieren, um eine Expedition auf die Beine zu stellen – scheinbar unüberwindliche Schwierigkeiten für alle, die keinen besonderen Sinn für Logistik haben. In der Tat ist es besser, eine Reise gut vorbereitet anzutreten. An Waffen, Nahrung, Werkzeuge und Medikamente zu denken. Sich vor einem Aufbruch in die afrikanische Steppe Geografiekenntnisse anzueignen wie zum Beispiel May French Sheldon oder Ida Pfeiffer. Vor einer Reise durch die libysche Wüste Sprachen zu lernen, zum Beispiel Persisch oder Arabisch wie Alexine Tinne.

Doch was wiegen ihr Wissen und ihr Verstand angesichts der Launen des Zufalls, des Unerwarteten und Unvorhersehbaren? Es ist ihrer List, ihrer Vorstellungsgabe und ihrer Kreativität zu verdanken, dass sie sich immer wieder aus der Affäre ziehen. Die drei Konstanten sind Erfindungsgeist, Gelassenheit, Ausdauer. Sie erlauben es den großen Abenteurerinnen, durchzuhalten und ans Ziel zu kommen.

Doch paradoxerweise haben sie noch etwas gemeinsam: den Sinn für Humor. Liest man die Erinnerungen der strengen, ernsten, opferbereiten Mary Kingsley, nimmt einen automatisch ihr Humor gefangen. Was für ein geistreicher Wortwitz bei Isabella Bird, Mary Seacole und Marianne North. Was für ein Sarkasmus, mit dem sie sich selbst beschreiben und sich über sich selbst lustig machen. Die Forscherinnen in Krinolinen sind witzig.

Auf ihren Reisen zu den ärmsten Völkern werden manche von ihnen ihr Mitgefühl entdecken. Andere wie Ida Pfeiffer werden ihr Herz verschließen und fühlen nichts. Doch egal, wie viel menschliche Herzenswärme oder Egoismus sie besitzen, sie passen sich allem an, finden zu einer Harmonie mit den Elementen, der Natur, dem neuen Lebensrhythmus und werden eins mit der Landschaft. Wie ein Chamäleon besitzen sie alle eine ganz außergewöhnliche Fähigkeit, sich anzupassen.

Unter den zähen, genügsamen und in ihren Möglichkeiten eingeschränkt reisenden Damen des viktorianischen Zeitalters gibt es zwei Frauen, die sich durch ihr Vermögen und ihre Lebenslust von den anderen unterscheiden. Zwei große Abenteurerinnen, deren Andenken verraten und vergessen wurde. Erstere, da ihre Suche fehlschlug und ihre Expedition in einem Blutbad endete. Letztere, da sie zu schnell und zu viel Erfolg hatte und rhetorisch so sehr brillierte, dass die Menge darüber ihre eigentliche Leistung vergaß. In beiden Fällen wurden die Frauen Opfer einer falschen Wahrnehmung, und so wird von der einen nur ihr tragischer Tod überliefert, von der anderen lediglich ihre Dreistigkeit, ihr Leichtsinn und ihr Glück.

Die erste Frau, eine vortreffliche holländische Adelige, war Alexine Tinne, die zu den Quellen des Nils aufbrach. Die Männer in der Wüste nannten sie »die blonde Sultanin«. Letztere stammt aus den Südstaaten Amerikas und ist die waghalsige Wette eingegangen, dass die Massai, die kenianischen Krieger, sie nicht töten, sondern sie vielmehr wie eine Königin empfangen würden. May French Sheldon wurde von den Afrikanern *Bibi Bwana,* weiße Königin, genannt.

Wer die Reisedaten und den zurückgelegten Weg betrachtet, den überrascht das Ausmaß ihrer Reisetätigkeit. Wer ihre Ausdauer, ihre Hartnäckigkeit und ihre Integrität gegenüber den Ureinwohnern betrachtet, kann nur zu dem Schluss kommen, dass ihre Rivalen unaufrichtig und ihre Kollegen blind gewesen sein müssen.

Selbst widrigste Umstände können ihnen ihre Selbstachtung nicht nehmen. Sie lassen sich nichts zuschulden kommen und kennen ihre Pflichten den Menschen gegenüber, die ihnen dienen. So sieht kein Einheimischer sie je schwach werden, zittern, schwitzen oder straucheln. Ihr Ehrgefühl gebietet ihnen, sich ihren Führern, Lastenträgern und ihren Kamelführern stets nur gut frisiert, mit Hut, Stiefeln und eng geschnürtem Mieder zu präsentieren.

Im Herzen der Wüste oder der Savanne umgeben sie sich mit Annehmlichkeiten und Hilfsmitteln. Sie baden in Kupferbottichen, trinken ihren Fünf-Uhr-Tee, ziehen sich um, parfümieren sich und kleiden sich vornehm. Das Abendessen nehmen sie allein und im Seidenkleid ein, auch wenn in der Nähe Kamele schreien oder Flusspferde brüllen.

Waren sie vielleicht zu glamourös, *zu weiblich,* um als große Abenteurerinnen zu gelten? Die Einhaltung des strengen Zeremoniells ist weder Eitelkeit noch Koketterie. Die Rituale sind genau geplant. Die bei jedem Halt ausgepackten und dann wieder verstauten Kristallgläser, die im Sand oder im Matsch ausgebreiteten Spitzendeckchen, das Silberbesteck, die Porzellantassen, der Tragesessel, die Badewanne – all das dient dazu, das eigene Ansehen gegenüber den Ureinwohnern zu stärken. Sich der eigenen Würde zu versichern. Macht zu demonstrieren. Sicherheit zu gewährleisten.

Und das ist es, was uns angesichts der Tragödie von Alexine berührt und angesichts des scheinbaren Leichtsinns von May bewegt: Die Noblesse und das Schamgefühl, die sie zwingen, ihren Mut hinter dem Schleier der Gefälligkeit und des Dilettantismus zu verbergen. Ihre Beherztheit lässt die eine sterben und rettet die andere – Ironie des Schicksals. Die Araber und die Tuareg verwechseln, geblendet von Alexines Macht, die riesigen Kühltruhen auf den Kamelen mit wertvollen Schatzkisten. Sie überfallen und vernichten die Karawane in der Hoffnung, Schmuck und Gold zu erbeuten, und finden in den Kisten nur Obst und gekühlte Speisen. Die einzigen Überlebenden, einige Sklaven aus dem Sudan, die Alexine freigekauft hatte, reisen bis nach Tripolis, um Zeugnis über dieses Verbrechen abzulegen. Sie erzählen, wie ruhig die blonde Sultanin aus ihrem Zelt gekommen sei und sich dem Anführer der Angreifer gestellt habe. Dass sie den Arm als Zeichen der Unterwerfung erhoben habe. Und dass der Anführer ihr mit dem Säbel die Hand abgehackt und sie danach erschossen und sterbend im Sand zurückgelassen habe. Als sie mit vierunddreißig Jahren stirbt, können einige ihrer adeligen Familienmitglieder nicht umhin zu seufzen: »Wir haben sie doch gewarnt!«

Um genau diesen Satz nie hören zu müssen, entscheidet sich May French Sheldon dafür, nichts von den Strapazen und den Leiden auf ihren Reisen zu berichten. Statt von ihrem Sturz in einen reißenden Strom zu erzählen, davon, wie ihr die Felsen Arme, Beine und das Gesicht aufrissen, oder von den Schmerzen zu berichten, nachdem sie sich mitten im Busch, Hunderte von Kilometern von Mombasa entfernt, an der Wirbelsäule verletzt hatte, zieht sie es vor, der Gesellschaft allein von den Wundern der Massai zu erzählen. Haare, die bis zur Hüfte herabfielen, eine lange, blonde Perücke, Edelsteine, Dolche, Trompeten, Tamboure: Man kann gut verstehen, warum sie auf die Männer, die nie zuvor eine Weiße gesehen hatten, solch einen Eindruck macht. Gekonnt setzt sie ihre Mittel ein, um die Anführer zu betören, und Tricks und Listen, um die Krieger zu beeindrucken. Doch sie spielt den Massais nichts vor, und so beruht die Begeisterung auf Gegenseitigkeit.

Mehr als ein halbes Jahrhundert bevor die Kunst der Eingeborenen in Mode kam, sammelt sie begeistert Schmuck, Waffen, Masken und tönernes Geschirr der Schwarzen. Als erste Frau interessiert sie sich für die Kultur Afrikas und wusste deren Schönheit zu schätzen. Der bei May French Sheldon in den Zeltlagern herrschende Luxus, die Badewanne und der Tragesessel lassen bereits den Prunk von Vailima ahnen, jenes Palasts, den sich Fanny Stevenson auf Samoa bauen lässt. Oder die afrikanische Farm, jenes mit einem Klavier, Vasen, Kristallgläsern, dänischen Truhen, edel gebundenen Büchern, Kisten voller Champagner und Schallplatten samt Grammophon ausgestattete Anwesen Karen Blixens.

All diese großen Damen sind gleichzeitig in der Lage, den Urwald zu durchstreifen und Walzer zu tanzen, sie leugnen weder die Gesellschaft, der sie entstammen, noch die Welten, die sie entdecken. Sie sind in zwei Kulturen zu Hause und bemühen sich, die Vergangenheit mit der Gegenwart zu versöhnen und keine Kultur der anderen ganz zu opfern.

Und sie verzichten auf nichts.

Alexandra Lapierre

Von der Gnade eines guten alten Rocks

Die neue Abenteurerin ist weder Kurtisane noch Draufgängerin, sie ist eine Reisende. 1850 gilt es, vieles zu beweisen, um diesem Wort gerecht zu werden. Dass eine Dame barfuß durch den Urwald Borneos wandern kann und dennoch eine Dame bleibt. Dass sie mit einem Theodoliten umgehen und ihre Position berechnen kann. Dass sie siegreich Menschenfressern und Desperados gegenübertreten kann (natürlich auf ihre ganz eigene, sanfte Art). Vor allem aber, dass sie ohne Anstandsdame reisen und dennoch tugendhaft bleiben kann.

Summa summarum: Die Reisende muss all ihre körperliche und seelische Kraft aufwenden, um zu beweisen, dass sie »ein ehrenhafter Mensch« ist.

Eng geschnürte Korsage, langer, dunkler Rock, ein Haarknoten unter dem Hut – die Kleidung ist Rüstung und Standarte. Sie zeigt, dass sie die Grenzen für die Wissenschaft und nicht für die Liebe überschreitet. Was diesen Punkt betrifft, so sind die Damen extrem auf der Hut. Isabella Bird drängt beispielsweise ihren Verleger, sich mit einem Journalisten zu duellieren, da dieser geschrieben hatte, sie reite in Hosen zu Pferde. Muss man Mary Kingsley Glauben schenken, wenn sie jedem erzählt, dass es nichts Besseres »als einen guten alten Rock« gebe, um Afrika zu erforschen? Nicht unbedingt, doch sie tut gut daran, es dennoch zu verkünden, denn genau diese Sätze öffnen den Forscherinnen all jene Türen der geografischen Gesellschaften, die Frauen bislang verschlossen sind. Die Reisende der 1880er-Jahre wirkt auf den ersten Blick wenig anziehend. Doch sie ist reich an Leidenschaft, Intelligenz und meist auch Humor.

"Es gibt nichts Besseres
als einen guten alten Rock,
um Afrika zu erforschen."

Mary Kingsley

Nur mit einem malaiischen
Führer und winzigem Gepäck
schlägt sich Ida Pfeiffer
durch den Urwald auf Borneo.
Sie ist die erste abendländische
Frau, die in diese unerforschte
Region vordringt.
Wegen des schwülen Klimas,
der Vegetation und des
Schlamms muss sie zum
ersten Mal in ihrer langen
Karriere als reisende Dame
Hosen unter dem Rock tragen.
Um sich das Marschieren
zu erleichtern, bindet sie den
Rock hoch und dringt barfuß
in das unbekannte Gebiet vor.

Österreicherin
1797–1858

Ida Pfeiffer

Eine Bürgerliche bei den Kannibalen

Am Ende des Wegs entdeckt sie ein kleines Dorf. Sie weiß, dass dort Dayak wohnen, ein Volk von Kopfjägern. Was macht sie daraufhin? Zückt sie eine Waffe? Sie hat nie eine besessen. Ersinnt sie Worte des Friedens und der Freundschaft? Sie denkt nicht an Frieden und sucht keine Freunde. Alles, was sie tut, bevor sie auf die Kannibalen Borneos zugeht, ist, ihren Rock wieder in Ordnung zu bringen, denn es kommt nicht infrage, sich einem Mann, wer auch immer er sei, in Hosen zu präsentieren.

Diese Geschichte spiegelt die ganze Persönlichkeit dieser ersten großen Forscherin in der Geschichte wider. Ihr Mut, sich jeder Herausforderung zu stellen, ihr unumstößliches Schamgefühl und ihre Mittellosigkeit sind die Geheimnisse ihres Erfolgs.

Die 1797 geborene Ida-Laura Reyer wird von ihrem Vater, den sie sehr bewundert, in Freiheit *und* Strenge erzogen. Ihre Mutter beobachtet das mit Argusaugen und ändert das nach dem Tod ihres Mannes grundlegend. Eine schmerzhafte Zeit für Ida. In ihren Memoiren gesteht sie, dass sie sich absichtlich die Fingerkuppen verbrannte, um den Klavierstunden zu entgehen. Es bedarf der Diplomatie eines klugen Hauslehrers, um die Rebellin schließlich zu zähmen. »Nach einer turbulenten, knabenhaften Zeit entwickelte ich mich zu einem bescheidenen Mädchen«, resümiert sie ein wenig melancholisch. Die Mutter bereut schon bald, die Erziehung delegiert zu haben. Sie hätte vorhersehen können, dass ihr »bescheidenes Mädchen« und ihr Pygmalion sich ineinander verlieben würden. Neuerliche Revolte, neuer Kampf und wieder eine Niederlage für Ida. Wegen seiner allzu bescheidenen Herkunft wird der Hauslehrer entlassen und die junge Frau eingesperrt. Ihr Wille ist gebrochen, sie akzeptiert die Heirat mit

»Herrn Doktor Pfeiffer« und mimt die Rolle der gefügigen Ehefrau und liebenden Mutter. Siebenundzwanzig Jahre versteckt sie sich hinter dieser Rolle, ohne sich zu beschweren, ohne dass ihre Seele in Aufruhr gerät und ohne Wut. Nichts lässt die Träume erahnen, die sich unter ihrer Haube zusammenballen. Ihre Kinder wachsen heran, heiraten, gehen aus dem Haus. Heimlich studiert sie Geografie. Als es ihr schließlich gelingt, die Zelte hinter sich abzubrechen, ist sie siebenundvierzig Jahre alt. Behutsam teilt sie ihrer Familie mit, dass sie eine Bekannte besuchen will, die sich in Konstantinopel niedergelassen hat. »Sie ist verrückt!«, erwidern ihre Söhne, überzeugt, sie würde nach einigen Wochen ausgezehrt zurückkehren und nichts mehr von ihrer mageren Rente übrig haben. Was sie nicht wissen: Ihre Mutter ist entschlossen, um die Welt zu reisen. Ungläubig entdecken sie wenig später, dass sie genau das tut. Sie schafft es sogar zweimal, bevor sie fünfzehn Jahre später zum Sterben in ihre Heimat zurückkehrt.

Brasilien, China, Singapur, Sri Lanka, Indien, Mesopotamien, Persien, Kurdistan, Polynesien, Borneo, Madagaskar – Ida Pfeiffer sieht nicht ein, warum sie ihr kleines Gepäck zuhause abstellen soll.

Ihre Lust auf Reisen ist ungebrochen, und ihre Technik hat sich bewährt. Sie besitzt kein Geld. Sie braucht keines. Sie reist auf den Linienschiffen, die sie gratis mitnehmen – und schläft zur Not an Deck. Findet sie keine Herberge, gibt sie sich mit einem ärmlichen Lager in einer Karawanserei, auf einem Dachboden oder unter einem Vordach zufrieden. Ist die Gesellschaft ihrer Ansicht nach zu rüde, befiehlt sie dem Schiffskapitän oder dem Vorsteher der Karawanserei, ihr ein ihrem Geschlecht und ihrer Würde angemessenes Lager zu verschaffen. Sie weist ihre Gastgeber an (sie bittet nie demütig um etwas), sie nicht nur zu beherbergen, sondern ihr auch eine Mahlzeit zukommen zu lassen.

Schande über all jene, die sich weigern. Sie werden in den Erzählungen und Reiseberichten angeprangert, die sie jeweils nach ihrer Rückkehr mit wachsendem Erfolg und Ansehen veröffentlicht. »Überall und zu allen Zeiten«, schreibt sie, »ist es mir gelungen, dass man meine Wünsche respektiert; es ist wahr, dass Energie und Gelassenheit Männer beeindrucken, egal ob es sich um Araber, Perser, Beduinen oder andere Völker handelt.«

Vorhergehende Doppelseite, links: Lemure.
Rechts: Ida Pfeiffer im Gebirge.
Stich nach einer Fotografie.

Gegenüber: Ida Pfeiffers Expedition begegnet wilden Tieren (links) sowie gelegentlich feindlich gesinnten Eingeborenen, hier in Brasilien (rechts oben) und wird an Königshöfen empfangen, hier in Indien (rechts unten).

Oben: »Man rät Madame Pfeiffer, sich während ihrer Ausflüge in ein großes Tuch zu hüllen und einen Schleier zu tragen.« *(Eine Frau fährt um die Welt).*

Oben: Ida Pfeiffer wird am madagassischen Hof empfangen.

Gegenüber: Isländische Geysire. Aus einem 1852 erschienenen Werk von Ida Pfeiffer.

Nur eine andere Frau kann so viel Stolz brechen. Der Königin von Madagaskar, Ranavalona, gelingt es, die eroberungslustige Wienerin auf ihren Platz zu verweisen. Verächtlich und mit Nachdruck jagt sie die aufdringliche Besucherin davon, als diese sich leichtsinnigerweise in eine Palastverschwörung einmischt*. Ida Pfeiffer erholt sich nicht mehr von dieser Reise. Es ist weniger die erlittene Erniedrigung, sondern vielmehr die Malaria, die sie schwächt. Kaum nach Wien zurückgekehrt, erliegt sie am 28. Oktober 1858 den Folgen dieser Krankheit.

Das Porträt Ida Pfeiffers lässt einen vielleicht lächeln. Dennoch steht es uns wohl kaum zu, uns über sie lustig zu machen. Ihr Blick auf die Dinge, wenn auch manchmal etwas eng, ist doch stets scharf. So bemerkt sie, dass die Lebensbedingungen der Frauen in den sogenannten primitiven Kulturen längst nicht so schlecht sind, wie allgemein behauptet wird. Eine Wiener Arbeiterin wird ihrer Meinung nach deutlich schlechter behandelt. »Es gibt kein traurigeres Schicksal als das einer armen Frau in Europa.« So überwiegen die Rechtschaffenheit und der gesunde Menschenverstand bei weitem gegenüber den Vorurteilen und dem biederen Habitus. Colette, als Schriftstellerin so sinnlich wie Ida prüde ist, schreibt daher 1944 zu Recht an eine Freundin: »Hast du die Reisen der Ida Pfeiffer gelesen? Wunderbar!«

Moralpredigt in einem abgeschiedenen Dorf in Kurdistan

»Sie waren nicht beleidigt, wenn ich sie verbesserte; sie spürten ihre Fehler und gaben mir stets Recht, wenn ich ihnen etwas erklärte. So war die kleine siebenjährige Ascha beispielsweise sehr schlecht erzogen. Wann man ihr etwas verweigerte, wonach sie verlangte, warf sie sich sofort auf die Erde und schrie fürchterlich. Ich versuchte, ihr zu erklären, wie schockierend ein solches Benehmen sei, und hatte wider Erwarten damit Erfolg. Zudem erzog ich sie zur Sauberkeit. Wusch sie sich sorgfältig, kam sie danach sofort angerannt, um mir ihr Gesicht und ihre kleinen Hände zu zeigen [...].

Den gleichen Erfolg konnte ich bei den Frauen erzielen. Nachdem ich sie auf ihre zerrissenen Kleider hingewiesen hatte, holte ich Nadel und Faden und brachte ihnen das Flicken bei. Sie genossen meinen Unterricht und schon bald organisierte sich um mich herum eine kleine Nähschule.«

Ida Pfeiffer: Eine Frau fährt um die Welt. Wien, 2005.

Ein großes Dampfschiff fährt den Nil hinauf. Es liegt tief im Wasser, ein Zeichen dafür, dass es schwer beladen ist. Auf dem Deck wimmelt es von Dienern und Matrosen. Inmitten dieses Getümmels sitzen gleichmütig vier Frauen. Gefangen von ihren gewaltigen weißen Röcken und eingeschnürt in ihre engen Korsagen, sitzen sie in aufrechter Haltung, die Haarknoten mit einem breitkrempigen Damenhut oder einer Spitzenhaube verdeckt. Was tun sie, während an den Ufern die gewaltige sudanesische Wüste an ihnen vorüberzieht? Sie sticken.

Holländerin
1835–1869

Alexine Tinne

Tragödie an den Quellen des Nils

»Sie müssen verrückt sein!«, ruft ein bärtiger Riese aus, als er von dem Ablegen des Schiffs erfährt, das für ein Vermögen angeheuert worden ist. »Sie müssen verrückt sein!«, wiederholt er. »Eine junge Frau allein beim Stamm der Dinka. All diese Eingeborenen sind genauso nackt wie am Tag ihrer Geburt!«

Mit diesem Satz beschreibt der Forscher Samuel White Baker in seinen Briefen aus Khartum, kurz nachdem dort Alexine Tinne zu ihrer Expedition aufgebrochen ist, warum es 1860 für eine Frau schwer ist, Forscherin zu sein. Baker und die Reisenden seiner Zeit wissen, dass ihre Mütter und Ehefrauen in der Lage sind, den schlimmsten Widrigkeiten die Stirn zu bieten, dass jedoch das Schamgefühl noch längst nicht ertragen »darf«, was der Körper aushält. Eine Frau, die vorhat, ihr Leben mit nackten Männern zu teilen, ohne sich Gedanken um ihre Ehre zu machen, ist keine Dame, sondern eine Abenteurerin und somit ein suspektes Individuum.

Und doch sind die Frauen, die artig auf der Brücke ihres Dampfschiffs sticken, echte Damen. Die 1835 geborene Alexine Tinne entstammt einer der nobelsten Familien Hollands, der Familie Van Cappellen. Sie verfügt über ein riesiges Vermögen und Verbindungen in sämtliche europäische Hauptstädte. Von Geburt an weiß Alexine, was Reisen bedeutet. Sie und ihre Mutter Harriet sind Teil einer kosmopolitischen Adelsgesellschaft, die keine Grenzen außer den sozialen kennt. Ob an Fürstenhäusern oder in noblen Badeorten, selten bleiben sie länger als einige Monate. Harriett Tinne fragt sich nicht, ob ihrer Tochter dieses Leben gefällt. Als Alexine 1854 neunzehn Jahre alt wird, muss sie wohl oder übel nach Den Haag zurück. Schließlich ist der Moment gekommen, sie auf dem Heiratsmarkt zu präsentieren.

Alexine spielt das Spiel mit – eine Ballsaison lang. Sie akzeptiert sämtliche Einladungen und Ehrerbietungen, lehnt jedoch alle heiratswilligen Bewerber ab. Sie packt die Koffer und ab jetzt ist sie es, die ihre Mutter mitzieht. 1856 befinden sie sich in Ägypten, chartern ein Boot auf dem Nil und besuchen alle Sehenswürdigkeiten zu einer Zeit, als diese Art der Kreuzfahrt noch ein wahres Abenteuer darstellte.

Mit ihren dreiundsechzig Jahren würde sich Harriet mit dieser Kreuzfahrt gern zufrieden geben, die sie in den Salons von Den Haag zu einer Berühmtheit hat werden lassen. Alexine jedoch wird von einem Verlangen getrieben, das durch die romantische Reise im Orient nicht gestillt werden kann. Als neugierige und gebildete Frau begeistert sie sich für die große geografische Debatte ihrer Zeit: Wo sind die Quellen des Nils? Zwei Jahre zuvor hat der Forscher John H. Speke behauptet, die Quelle am Abfluss eines großen Sees bewundert zu haben, doch seine Äußerungen werden von dem Afrikaveteranen Richard Burton widerlegt. Er muss daraufhin die Reise wiederholen, um Beweise für seine Entdeckung zu liefern. Diese Unsicherheit schafft Raum für Träume. Also träumt Alexine – und ihre Mutter lässt sie träumen.

1860 reist Alexine erneut los. Ihre Mutter ist wieder dabei – sie sind unzertrennlich geworden. Dieses Mal, so sagen sie sich, wird die Reise nicht an den Tempeln enden, sondern sie werden bis zu den Quellen des Nils fahren. Alexine besitzt alles, was man braucht, um Erfolg zu haben: Intelligenz, Willenskraft und Geld. Dank ihrer Intelligenz kann sie eine Expedition organisieren, eine hundertköpfi-

ge Männertruppe befehlen, ist sie in Geografie und Topografie bewandert und spricht mehrere Sprachen, darunter Arabisch. Dank ihrer Willenskraft kann sie allein eine Meuterei abwenden, mit einem feindlichen Anführer von gleich zu gleich verhandeln und den schlimmsten Sklavenhändlern die Stirn bieten. Und ihr Vermögen ist gewaltig.

Alexine versteht es zu reisen. Als vornehme Aristokratin reist sie nicht, ohne ihre ganze Welt mitzunehmen. Warum darauf verzichten? Als Samuel White Baker das Gepäck der Expedition sieht, erschaudert er, und das zu Recht. Drei Boote führen sechsunddreißig Schrankkoffer, Zelte, Faltbetten, Decken und Bettwäsche mit sich – alles nützliche Dinge, ebenfalls jedoch ein chinesisches Porzellanservice, silbernes Besteck, eine ganze Bibliothek, Hutschachteln, Sonnenschirme, einen Fotoapparat und sämtliche Utensilien, die zum Entwickeln der Fotos nötig sind, eine Staffelei, Leinwände, Farben...

Auch die Wahl der Mitreisenden mutet merkwürdig an. Außer der Organisatorin reisen Harriett und die beiden Kammerfrauen Anna und Flora mit. Diese drei Frauen sind zwar genauso mutig wie ihre Anführerin, allerdings deutlich weniger von den Quellen des Nils begeistert. Sie reisen mit, weil sie es sich nicht vorstellen können, ihrem Liebling etwas zu verweigern.

Am 11. Mai 1862 verlässt die Expedition Khartum. Am 30. September erreicht sie Gondokori, den südlichsten Punkt, an dem der Nil noch schiffbar ist. Dort werden sie von Sklavenhändlern aufgehalten. Unmöglich, Marschverpflegung oder Träger zu bekommen.

Vorhergehende Doppelseite, links: Meschra er-Req im Sudan.
Rechts: Alexine Tinne auf einem Kamel.

Gegenüber, oben: Ansicht von Kairo.
Unten: Alexine Tinne in ihrem Haus in Algier.

Oben: Belebte Straße in Kairo.

Oben links: Porträt von Alexine Tinne in Ägypten.
Rechts: Das Sumpfgebiet von Bahr el-Ghazal.
Kupferstich.

Gegenüber: Zeitgenössische Landkarte
der von Alexine Tinne bereisten Regionen.

Alexine sieht nicht, dass es der Umfang ihrer Expedition ist, der ihr zum Verhängnis wird. Statt aufzugeben, ändert sie das Ziel. Sie fährt den Bahr el-Ghazal hoch bis in das legendäre Niam-Niam-Gebiet und will von da aus, wenn möglich, über Land weiter bis zum Atlantik.

Aber das Dampfschiff gerät in ein Sumpfgebiet von der Größe eines ganzen Landes und kommt nur wenige Kilometer pro Tag voran. Sie setzen die Reise mit vierzig Maultieren und vier Kamelen auf dem Landweg fort. Im Frühjahr 1863 richten sie ein festes Lager ein, um das Ende der Regenzeit abzuwarten. Mehre Monate lang halten unaufhörliche Regenfälle sie fest. Um sich die Zeit zu vertreiben, sticken die Damen oder lesen oder trocknen Blätter und Blüten. Weder der Regen noch der Schlamm noch die Insekten und noch nicht einmal die schlecht heilenden Geschwüre oder die von der Malaria herrührenden Fieberschübe können ihre gute Laune trüben.

Als Harriett eines Morgens nicht aufsteht, macht sich Alexine keine großen Sorgen. Chinin und Ruhe haben sich als Medizin bewährt, und etwas anderes gibt es zur damaligen Zeit auch gar nicht. Doch dieses Mal kommt Harriett nicht wieder auf die Beine. Sie stirbt am 22. Juli. Ihr folgen Flora und dann Anna. In ihrem ersten Brief, den sie an die Familie schicken kann, schreibt Alexine, als könne sie es selbst nicht glauben: »Sie sind alle von mir gegangen.«

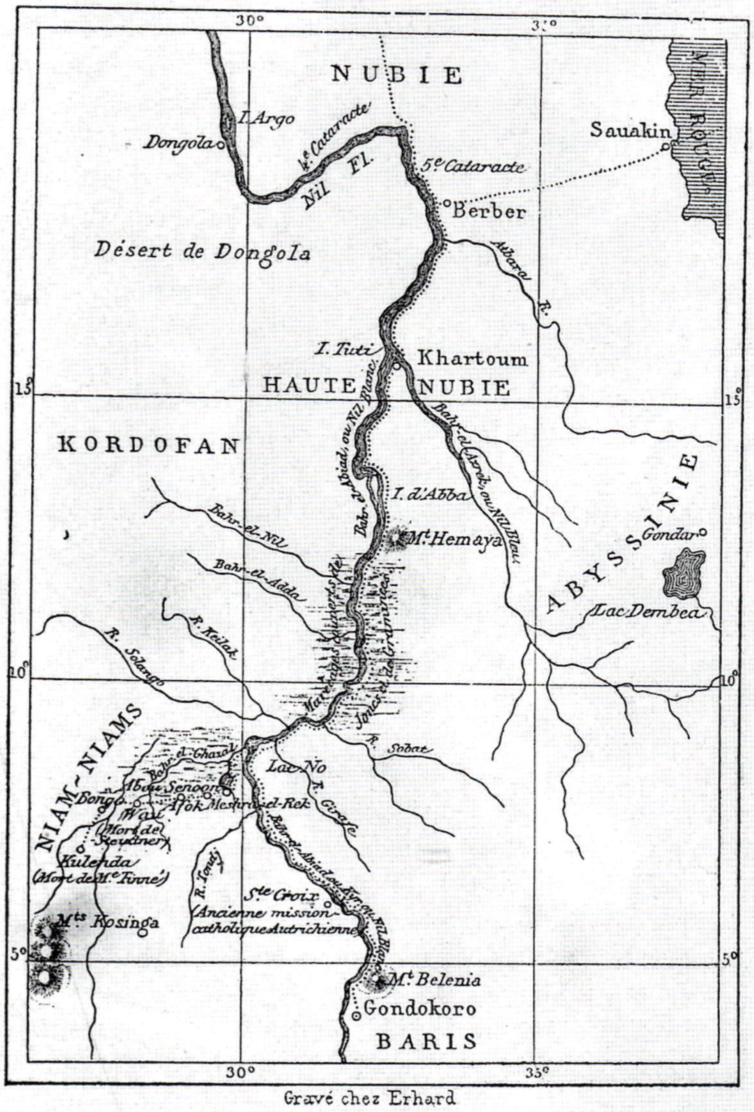

Gravé chez Erhard

Gravé chez Erhard

Sie reist nicht weiter bis zum Atlantik. Der Tod ihrer Mutter setzt ihr so zu, dass sie sich nicht vorstellen kann weiterzuziehen. Sie dreht im Januar 1864 nach dem Ende der Regenzeit mit drei Särgen im Gepäck um. Doch sie kehrt nie wieder nach Den Haag zurück.

Ihre Leidenschaft zu reisen ist längst nicht gestillt. Sie reist, um zu entdecken. Allerdings reist sie auch, um zu fliehen, angetrieben von einer selbstmörderischen Wut. Vier Jahre vergehen, in denen sie planlos zwischen den Häfen des Mittelmeers umherzieht. »Dieses Leben gefällt mir, ich könnte ewig auf dem Meer umherfahren«, schreibt sie 1869, kurz bevor sie ihre Yacht verlässt, um auf dem Rücken eines Kamels durch die Sahara zu reiten.

In Tripolis holt sie die Afrikasehnsucht wieder ein. Dieses Mal möchte sie das Königreich Bornu auf der anderen Seite des Tschadsees erreichen. Sie träumt immer noch davon, bis zum Atlantik zu kom-

Oben: Das tragische Ende Alexine Tinnes.

Gegenüber: Kairo mit Felucken auf dem Nil.

men, doch erneut stellt sie eine viel zu umfangreiche, zu auffällige und reich ausgestattete Expedition auf die Beine, wodurch sie sehr bald Feinde anzieht.

Diese lauern dem Unternehmen zwei Monate später an den Steilhängen der es-Soda-Berge auf. Bu Bekker, ein Anführer der Tuareg, entdeckt die aus zweihundert Mann und tonnenweise Material bestehende Karawane, als sie ein Lager unter dem Schutz des Anführers der Ajjer, Ikhenukhen, errichtet hat. Er und seine Männer finden die »blonde Sultanin« in der Oase von Wadi-Aberdjaush wieder. Sofort bricht ein Streit zwischen einem der Krieger und dem Führer aus, der Alexine von Ikhenukhen zur Seite gestellt worden war. Ein Diener will schlichten und wird von einer Lanze durchbohrt. Alarmiert verlässt Alexine ihr Zelt. Einer der Überlebenden erzählt später, dass er gesehen habe, wie sie beschwichtigend den Arm gehoben habe, bevor ihr ein Tuareg mit dem Säbel die Hand abschlug und sie gleichzeitig von einer Kugel tödlich getroffen wurde. Es folgt ein blutiges Gemetzel. Das Lager wird so gründlich geplündert, dass man später weder etwas von den Schätzen der Fremden noch ihre Leiche findet. Einzig einige sudanesische Sklaven, die Alexine vor den Sklavenhändlern in Gondokoro gerettet hatte, können fliehen und sagen später vor dem Tribunal in Tripolis gegen die Mörder aus.

Die Geschenke einer Dame an den König von Bornu

Während Alexine ihre Expedition durch die Sahara vorbereitet, bittet sie einen Verwandten in einem Brief, sich nach Paris oder Brüssel zu begeben, um einige repräsentative Geschenke aus dem Europa der damaligen Zeit zu besorgen. Diese Geschenke will sie dem König von Bornu überreichen. Keines dieser Geschenke ist nach ihrem Tod gefunden worden. Hier die Liste, die sie ihrem Brief beigefügt hat:
»Ein nicht zu teures Mikroskop, das jedoch so gut sein muss, dass es jemanden beeindruckt, der so etwas noch nie gesehen hat;
– zwei Eismaschinen mit dem entsprechenden Pulver;
– eine handbetriebene Nähmaschine;
– ein Wecker oder eine Uhr.
Ich habe gehört, dass es welche gibt, die eine Kerze entzünden.
– Acht Ballen Seide in leuchtenden Farben;
– einige Flaschen Tinte;
– einige Lupen (sechs genügen);
– ein Fotoapparat von Debroni, falls er nicht teurer als 100 Francs ist;
– ein Spiegel mit Goldrahmen (achtundvierzig Zentimeter breit und einen Meter hoch);
– fünfundzwanzig Fuß scharlachroten Stoff;
– vier Ballen roten und gelben Samt;
– eine Dose guten grünen Tee;
– verschiedene Sorten Bonbons, in glänzendes Papier eingepackt, wie sie die Franzosen ihren Kindern zu Weihnachten schenken;
– vierundzwanzig Baumwolltaschentücher;
– vierundzwanzig Seidentaschentücher minderer Qualität.«

Alexine Tinne; zitiert nach Penelope Gladstone: Travels of Alexine. London, 1970.

Der leichtfüßige Hermes ist der Gott der Händler und der Reisenden. Er war wohl Mary Seacoles Gott. Denn zwei Herzen schlagen in der Brust dieser Jamaikanerin, die in den 1850er-Jahren in London berühmt wurde: Geschäft und Reisen.
Die erste Liebe der jungen Mary Grant gehörte den Gewürzen, eine Vorliebe, die sie von ihrer Familie geerbt hat: Ihre Mutter führt in Kingston auf Jamaika ein komfortables Hotel, und die junge Mary will es weiter auszubauen.

Jamaikanerin
1805–1881

Mary Seacole
Die Gewürzhändlerin mit großem Herzen

Mit neunzehn Jahren überquert Mary Grant zum ersten Mal den Atlantik, um eine Schiffsladung mit Gewürzen, bedruckten Baumwollstoffen und Konserven mit exotischem Obst nach London zu bringen. Sie kehrt mit gutem Gewinn heim und hat zudem noch ihre Liebe für das Reisen entdeckt. Ihr Appetit auf Neues ist unstillbar, dabei will sie jedoch nicht von ihrem Ersparten leben, sondern sie bleibt mit Leib und Seele Kauffrau. Daher nutzt sie die eine Leidenschaft, um die andere zu befriedigen. Sie bereist sämtliche Inseln der Großen und Kleinen Antillen und danach die Küste Südamerikas, um mal Kisten mit Haifischzähnen, mal Körbe mit exotischen Früchten oder alten Rum mitzubringen. Fünf Jahre vergehen mit Handelsreisen – Mary ist mittlerweile fünfundzwanzig.

Dank der Mitgift, mit der sie sich selbst ausgestattet hat, heiratet sie 1836 den kränkelnden Mister Seacole aus Jamaika und übernimmt das Hotel der Familie in Kingston. Die nächsten vierzehn Jahre ist sie sesshaft. Dennoch verläuft ihr Leben mitnichten ruhig: der Tod ihres Mannes, ein Brand, eine Choleraepidemie – und dann überkommt sie die Langeweile. Was tun? Ihr Bruder, der sich in Panama niedergelassen hat, weiß eine Antwort. Dort lasse sich Geld verdienen, schreibt er seiner Schwester. Zweifelsohne dient ihr dies nur als Vorwand, um wegzugehen, denn so kann sie sich einreden, sie täte es nicht nur zu ihrem eigenen Vergnügen.

Wie kann man Panama, dieses triste, sumpfige Waldland als Eldorado bezeichnen? 1848 geht in Europa und in den Vereinigten Staaten das Gerücht um, dass in Kalifornien Gold zu finden sei. Schon bald bricht der Goldrausch aus. Und der sicherste Weg in den Westen Amerikas ist die Route über die Landenge von Panama, denn die

Vorhergehende Doppelseite, links:
Die Handelsstadt Kingston auf Jamaika zu Beginn des 19. Jahrhunderts.
Rechts: Mary Seacole. Zeitgenössisches Foto.

Oben, links: Eine Hafenstraße in Kingston.
Rechts: Porträt Mary Seacoles als Hotelbesitzerin.

Gegenüber, oben: Die Landenge von Panama.
Unten: Der Urwald Panamas. Stich, 1879.

Umschiffung von Kap Horn oder der Weg über die großen Prärien birgt vielerlei Gefahren. Daher wird Panama von Reisenden überschwemmt, die von einem Ozean zum anderen wollen, und mit jedem An- und Ablegen eines Schiffs strömt eine neue Menschenmenge heran. Zwischen Atlantik und Pazifik geht die Reise nur auf Flüssen und auf dem Landweg voran, auf Eseln und mit Übernachtungen in den »Städten«, die wie Pilze aus dem Boden schießen, um alsbald wieder im Schlamm zu versinken, aus dem sie gebaut sind. In Cruces beschließt Mary Seacole, ihr Glück zu machen. In ihrem aus Brettern gezimmerten Hotel mit einem Schlafsaal und einem Tagesgericht empfängt sie Hunderte von Reisende.

Leicht verdientes Geld? Nicht wirklich. Mama Seacoles Gäste sind erschöpft und wenig freundlich. Die schlimmsten Abenteurer versammeln sich in diesem von Wäldern und Epidemien umgebenen Lager. »Es war die Hauptstadt des Fiebers. Der Tod schlug überall zu. Seit unserer Ankunft regnete es unaufhörlich aus einem tintenschwarzen Himmel. Die Weißen, die uns begegneten, sahen aus wie Gespenster, sogar die Schwarzen waren bleich.« Die Hotelbesitzerin muss in einer regelrechten Wildwestatmosphäre die aggressivsten Gemüter beschwichtigen, andere Gäste zufriedenstellen und ihr wenig solide gebautes Haus gegen Schlamm und Insektenschwärme verteidigen. Am Ende verdient Mary in dieser deprimierenden Welt längst nicht das erhoffte Geld, zumindest verliert sie es sehr schnell wieder.

Man rät ihr, ihren Gewinn in eine an einer Flussmündung gelegenen Goldmine zu investieren. Nach einer Reise in einer Piroge durch

das Sumpfgebiet des Panama-Urwalds entdeckt sie eine merkwürdige Kolonie, die mit eiserner Hand von einem entlaufenen Negersklaven angeführt wird. Ein ganzer Indiostamm muss unter seinem Befehl an den Ufern des Flusses nach Gold graben – das nicht existiert. Und Mary kehrt mit leeren Taschen heim. Doch das spielt keine große Rolle, denn sie hat in Cruces einen anderen Schatz gefunden.

Ein Schatz, der zwar nicht wertvoll ist, ihr aber großen Ruhm einbringt. Denn eine ganz andere Leidenschaft bringt ihr drei Auszeichnungen ein, darunter eine Medaille der Ehrenlegion. Mary liebt die Medizin. Etwas unschicklich für eine ehrenhafte Dame und zudem etwas ehrgeizig für eine Mulattin, doch es gibt dafür eine Erklärung: Bereits ihre Mutter hat Leute geheilt, und sie selbst hat bereits viel Zeit damit verbracht, Soldaten zu pflegen, die in dem Hotel ihrer Familie einen Genesungsurlaub verbrachten, ganz zu schweigen von der Pflege ihres Ehemanns, ihres geduldigsten Patienten.

Durch eine Choleraepidemie findet sie ihre wahre Berufung und verändert ihr Leben. Für die Bewohner von Cruces, für die Indios und die Armen, die in der Umgebung hausen, wird sie als *the yellow doctress* in Erinnerung bleiben. Aus der Gewürzhändlerin wird eine Krankenschwester, eine Ärztin, eine Leichenbestatterin – und eine Forscherin. Mary gibt sich nicht damit zufrieden, Quecksilberchlorid zu verabreichen und die Toten zu waschen. Die geheimnisvolle Krankheit interessiert sie. Als sie eines Nachts in der Umgebung der Stadt einen Säugling findet, der elternlos in ihren Armen stirbt, nimmt sie mit einem Skalpell an dem kleinen Körper eine Autopsie

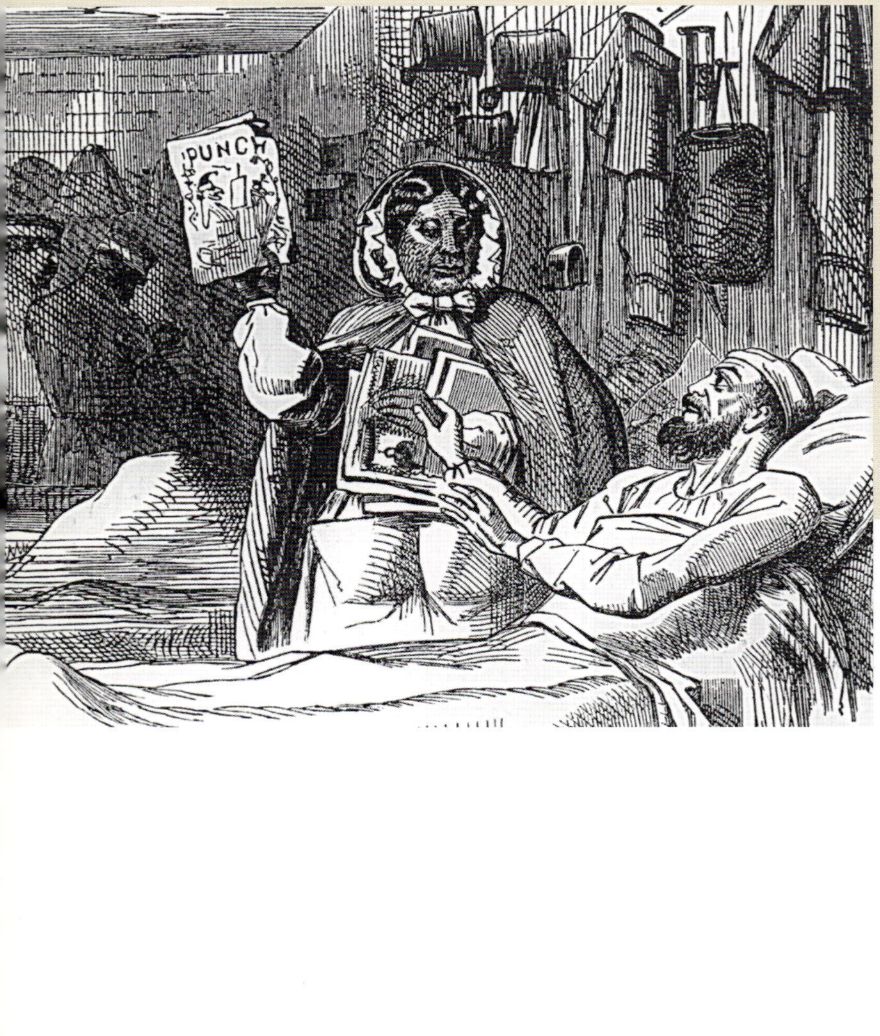

vor. In jener Zeit, an jenem Ort und durchgeführt von einer Frau, die nicht einmal vom Fach ist, gilt diese Handlung als Sakrileg. Zehn Jahre später entschuldigt sich Mary Seacole dafür in ihren Memoiren und gesteht: »Ich habe eine merkwürdige Tat begangen und bin sicher, dass ich heute das Skalpell nicht mehr so führen würde. Doch die Erregung hat mir den Mut und die Entschlossenheit geschenkt, und vielleicht hat mir der tägliche Anblick des Todes auch das Herz verhärtet.«

Diese Autopsie hat der »Frau Doktor« wohl kaum neue Erkenntnisse gebracht, doch sie ist sich ihrer Berufung sicher. Als sie hört, dass auf der Krim, an der Grenze zwischen osmanischem und russischem Reich, ein Krieg ausgebrochen ist und britische Soldaten an Typhus und anderen Seuchen sterben, und als sie zudem erfährt, dass die mutige Engländerin Florence Nightingale als erste Frau in der Geschichte an der Front die medizinische Krankenpflege organisiert, entbrennt in Mary Seacole die große Leidenschaft. Sie will Krankenschwester auf der Krim werden – und sie ist sich sicher, dass man dort auf die Frau Doktor wartet, die weder Dreck noch Blut fürchtet.

Doch ein Detail übersieht Mary. Auch wenn man sie »Frau Doktor« nennt, fügt man doch stets das Wort *yellow* hinzu, um auf

ihre Hautfarbe hinzuweisen. In den Augen der Weißen nimmt ihr das jegliche Glaubwürdigkeit. Als sie in London im Vorzimmer von Frau Nightingale steht, sehen die so wohlangepassten Damen nur eins: ihre Hautfarbe. Und obwohl sich Mrs. Seacole in ein Kleid aus kanariengelbem Satin gehüllt und ihren Hut mit Blumen geschmückt hat, wird sie von den Krankenschwestern einfach übersehen. Um von Miss Nightingale akzeptiert zu werden, muss man vor allem zur guten Gesellschaft gehören.

Doch die geborene Abenteurerin lässt sich nicht entmutigen. Sie hat schon zu viel gesehen, als dass sie sich von ein paar Frauen mit gespitzten Lippen und hochgerecktem Kinn einschüchtern ließe. Wenn sie an der Krimfront nicht Krankenschwester sein kann, dann wird sie dort eben Marketenderin. Umgehend schickt sie an all ihre Bekannten aus dem Militär – derer sie dank des Familienhotels viele hat – eine Anzeige: »Mrs. Seacole, ursprünglich in Kingston/Jamaika beheimatet, gibt all ihren alten Freunden bekannt, dass sie eine Überfahrt auf dem Dampfschiff *Hollander* gebucht hat. Nach ihrer Ankunft in Balaklawa hat sie vor, ein Kasino einzurichten und Unterkünfte für verwundete und genesende Offiziere bereitzustellen.«

Eine geniale Idee – Miss Nightingale ist das Risiko nicht eingegangen, sich der Front so weit zu nähern. Ihr Krankenhaus befindet sich in sicherer Entfernung im heutigen Istanbul. Mary Seacole hingegen ist den Schützengräben so nah, dass die Soldaten ganz selbstverständlich ihr Gästehaus aufsuchen. Alles findet sich dort: Nahrung, Tabak, Medikamente, Betten und die mitfühlenden Hände der Frau Doktor,

Gegenüber: Mary Seacole in zeitgenössischen Presseberichten. Die Stiche zeigen ihr Hotel auf der Krim.

Oben: Mary Seacole eilt einem Verwundeten auf der Krim zu Hilfe.

Oben, links: General Brown und zwei seiner Männer auf der Krim.
Rechts: Der Hafen von Balaklawa.

Gegenüber: Umschlag der Originalausgabe der Autobiografie Mary Seacoles aus dem Jahr 1857.

die jederzeit bereit sind, eine Suppe auszuteilen oder ein Nagelgeschwür aufzuschneiden. Nun spielt Marys Hautfarbe keine Rolle mehr; es zählen einzig ihr Lächeln und ihr Humor. So wird sie den dankbaren Soldaten auf ewig in Erinnerung bleiben.

Als man nach dem Sieg 1856 in London vernimmt, dass Mama Seacole sie ernährt und gepflegt hat, ohne sich um die Bezahlung zu scheren, und nun bankrott ist, sammelt man Geld und organisiert eine Gala für sie. Dabei wird die jamaikanische Heilerin, die Goldsucherin, die Mulattin mit den zu kurzen Röcken auf den Schultern ihrer ehemaligen Gäste-Patienten getragen. Natürlich weint sie vor Glück. Eine schöne Geschichte. Mary Seacole lebt bis zu ihrem Tod im Jahr 1881 in Ruhe und Wohlstand, geehrt und angesehen von all jenen feinen Londoner Familien, deren Söhne sie gerettet hat. Der Götterbote Hermes hat sich Mary gegenüber als tatkräftiger Beschützer gezeigt.

Ich wünschte, ich sei an Bord

»Als ich erwachsen wurde, begann ich, meiner Lust zu reisen freien Lauf zu lassen – eine Lust, die mich nicht mehr verlassen wird, solange ich bei Kraft und guter Gesundheit bin. Wenn ich den Schiffen, die nach Europa ablegen, nachschaute, wünschte ich jedes Mal, ich sei an Bord, während hinter mir die blauen Hügel Jamaikas verblassten.«

Mary Seacole: The Wonderful Adventures of Mary Seacole in Many Lands. New York, 1990.

Die Worte des Forschers Samuel White Bakers angesichts der Nilexpedition Alexine Tinnes sind noch gut in Erinnerung:
»Sie müssen verrückt sein!«
Ist das etwa ein zu erwartender Ausruf eines Mannes des 19. Jahrhunderts? Nein. Vielmehr ist er reichlich unverständlich, denn an diesem Tag steht neben Baker eine knapp zwanzigjährige junge Frau und schaut ebenfalls zu. Baker ist gerade dabei, sie auf eine Reise mitzunehmen, die weiterführt, als Alexine je kommen würde.

Ungarin
1841–1916

Florence Baker

Die ungarische Sklavin

Der Forscher verheimlicht ihre Gegenwart in Khartum aus gutem Grund: Sie ist nicht seine Frau – er ist Witwer und Vater von vier Kindern –, und seine Familie weiß nichts von ihrer Existenz. Auch ist Florence Finnian von Sass keine Engländerin; sie stammt aus Ungarn und hat weder Familie noch Vaterland.

1858 hat Samuel White Baker sie während einer Jagdexkursion in Moldawien kennengelernt. Florence hält sich, was ihre Herkunft betrifft, bedeckt – und dieses Thema bleibt auch bei den Nachkommen Bakers noch jahrelang tabu. Der offiziellen Version zufolge wurden ihre Eltern während der ungarischen Revolution 1848 hingerichtet. Mit Hilfe ihrer Amme konnte das Mädchen über die Grenze in das osmanische Reich fliehen, wo sie von aristokratischen Flüchtlingen aufgenommen wurde, bis sie Baker kennenlernte. Einer anderen, von jüngeren Biografen* verbreiteten Version zufolge wurde die kleine Florence an einen türkischen Herrscher verkauft, und der Engländer habe sie auf einem Markt für weiße Sklaven entdeckt – und gekauft. Das Einzige, was man mit Sicherheit weiß, ist, dass die junge Frau damals siebzehn Jahre alt war.

1861 befindet sich das Paar in Khartum und schaut auf die Schiffe, die den Nil hinauffahren. Baker plant ein großes Projekt. Der Abenteurer aus Profession und Leidenschaft möchte an dem Wettlauf zu den Nilquellen teilnehmen, der gerade in vollem Gang ist. Doch während er sich auf seine Fahrt vorbereitet, gelangen zwei Forscher vor ihm ans Ziel, John H. Speke und James Grant. Die beiden Männer haben die Riponfälle am Ausgang des Victoriasees entdeckt, aus denen der Nil fließt. Ist damit das Geheimnis der Nilquellen gelüftet? Speke, ganz Gentleman, gesteht Baker, dass er dem Nil nicht die ganze

Strecke vom Victoriasee bis Gondokoro gefolgt ist. So bleibt ein riesiger weißer Fleck auf der Landkarte, und der definitive Beweis über den Ursprung des Nils ist mitnichten erbracht.

In ihren Briefen und Aufzeichnungen erwähnen weder Speke noch Grant die hübsche Begleiterin ihres Konkurrenten – ein weiterer Beweis, dass Baker zum damaligen Zeitpunkt nicht wünschte, dass man in England erfuhr, dass er in Begleitung reiste. Vielleicht war er sich damals – im April des Jahres 1861 – seiner Gefühle nicht sicher. Drei Jahre später hat sich dies jedoch geändert, und Florence und er treffen Seite an Seite in Khartum ein. Unmittelbar nach seiner Rückkehr nach London, und noch bevor er bei der Royal Geographic Society vorstellig wird, heiratet er die junge ungarische Sklavin.

Was geschah zwischen 1861 und 1865? Dreißig Monate lang Fußmärsche und Zeltlager zur Erkundung einer Gegend, die von Sklaven- und Elfenbeinhändlern ausgebeutet wird. Zusammen haben Samuel und Florence die politisch instabilen Königreiche Bunyoro und Buganda (im heutigen Uganda) durchquert. Zusammen haben sie sich einer Meuterei entgegengestellt und Nahrungsmangel, Regenzeit und Fieber überlebt. Zusammen haben sie unter unberechenbaren Völkern gelebt, darunter die Nuer, die Shilluks und die Acholi und haben deren Achtung gewonnen. Zusammen haben sie als Erste den von ihnen so benannten Albertsee und die Murchisonfälle bewundert: Das Geheimnis der Nilquellen war damit definitiv gelüftet.

Während dieses Abenteuers hat sich gezeigt, dass Florence mitnichten eine Konkubine ist, die nur zum Vergnügen eines Mannes mitge-

nommen wurde. Tag für Tag hat sie bewiesen, dass sie sich den schlimmsten Situationen mit einer Ruhe und Entschlossenheit stellen konnte, zu der viele Männer nicht fähig sind. Baker kann gar nicht genug darüber staunen. Er beschreibt, wie ein Fremder sich mitten in der Nacht in ihr Zelt schleicht: »Ein leichtes Zupfen an meinem Ärmel zeigte mir, dass meine Frau den Eindringling ebenfalls bemerkt hatte – das war das verabredete Zeichen, mit denen sie mich in Situationen warnte, die unserer ganzen Wachsamkeit bedurften. Ausgestattet mit einer für Afrikareisen hervorragenden Gleichmütigkeit, gehörte Florence mitnichten zu der Sorte Frauen, die in Gefahrenmomenten schreien oder auch nur seufzen – sie hielt es für völlig ausreichend, ein wenig an meinem Ärmel zu zupfen.«

Ein weiteres bemerkenswertes Detail: Im Gegensatz zu ihren Kolleginnen zögert Florence während der monatelangen Fußmärsche nicht, ihre Röcke gegen Hosen zu tauschen – zumindest hier machte sie sich keine Sorgen, nicht als »ehrenhafte Dame« zu erscheinen.

Auch wenn Baker in Khartum die Gegenwart von Florence diskret verschwiegen hatte, so bewies er in der Folge doch seine Ehrenhaftigkeit. Ständig zitierte er sie in seinen Briefen und Büchern und sogar vor den gebildeten Gelehrten der Royal Geographic Society, was der jungen Sklavin ein ganz anderes Abenteuer beschert. Inmitten eines afrikanischen Dorfs war es Florence egal, ob sie als »ehrenhaft« galt oder nicht, doch in London muss sie nun lernen, in die Krinolinen einer echten Dame zu schlüpfen. Nachdem ihr Mann in den Adelsstand erhoben wird, wird sie als Lady Baker von den nobelsten

Vorhergehende Doppelseite, links:
Der englische Forscher John H. Speke wird auf der Suche nach den Nilquellen von Leuten des Despoten Kamrasi eskortiert.
Rechts: Florence Baker in der Wüste. Stich aus *The Nile Tributaries of Abyssinia* von Samuel Baker, 1867.

Gegenüber, oben: Die beiden englischen Forscher John H. Speke und James Grant werden an Bord des Schiffs von Samuel White Baker und seiner Frau auf dem oberen Nil 1861 bewirtet. Kupferstich, 1880.
Unten: Die Bakers treffen während ihrer Reise zu den Nilquellen auf feindselige Dorfbewohner. Radierung, 1880.

Oben: Giraffenjagd. Kupferstich aus *The Albert N'Yanza. Great Basin of the Nile, and Explorations of the Nile Sources* von Samuel Baker, 1866.

Oben: Gerippe eines Nilpferds. Aquarell von Samuel Baker.

Gegenüber: Samuel und Florence Baker als Forscher gekleidet. Frontispiz aus *The Albert N'Yanza. Great Basin of the Nile, and Explorations of the Nile Sources* von Samuel Baker, 1866.

Familien Englands empfangen, darunter dem Prinzen von Wales. Samuel versucht sogar, sie der Königin vorzustellen – sein einziger Misserfolg, denn Victoria lässt Nachforschungen anstellen und lehnt den Besuch ab, da es sein könnte, dass diese junge Frau »schon vor der Ehe mit ihrem Mann intim war«.

Hat Florence die Nase voll von den Fallstricken der vornehmen viktorianischen Gesellschaft? Als Samuel in eine Mission einwilligt, die ihm der Khedive, der Vizekönig von Ägypten, anbietet, nämlich den Sklavenhandel in den Regionen am Oberlauf des Nils zu unterbinden, erklärt sie sich nur allzu gern bereit, erneut in die Fremde zu ziehen. Vom Februar 1870 bis zum April 1873 begleitet Florence eine kleine Armee, die aufgestellt wurde, die Menschenjäger zu verfolgen. Eine zum Scheitern verdammte Expedition, denn der Khedive selbst ist in die Verbrechen verstrickt, die Baker auf sein Geheiß hin unterbinden und bestrafen soll.

Die Expedition endet mit einem mörderischen Hinterhalt und einer verzweifelten Flucht in die Savanne. Doch Florence verliert nie die Ruhe, und in ihrer freien Zeit näht sie für sich und ihren Mann Kleidung, konserviert Lebensmittel, serviert Tee oder bereitet ein »Steak von einem nicht sehr jungen Nilpferd« zu. Wenn es die Situation verlangt, geht sie sogar noch weiter. Ein Expeditionsmitglied erzählt nach einer Reise mit Samuel Baker: »Als wir Florence fanden, machte sie sich gerade daran, sich vor einer Belagerung zu schützen. Sie hatte die Wachposten verdoppelt, Befehle erteilt, die Waffen schussbereit zu halten, und sich auf ihren Einsatz vorbereitet.«

Es ist das letzte Abenteuer dieses Abenteurerpaars. Samuel ist zweiundfünfzig Jahre. Zwanzig Jahre später, am 30. Dezember 1893, stirbt er in den Armen seiner Frau und murmelt dabei: »Flo, wie kann ich dich verlassen?«

»Flo« folgt ihm erst weitere zwanzig Jahre später. 1916 stirbt sie, umgeben von Freunden und sehr hofiert, in einem schönen englischen Herrenhaus, wo sie als »charmante Großmutter im schwarzen Samtkleid« regiert hatte. Wie viele der Gäste wissen zu Beginn dieses neuen Jahrhunderts wohl, dass die alte Dame im Trauerkleid unter dem Namen *Aniadoué* , Tochter des Mondes, in den weit entfernten Dörfern Ugandas genauso bekannt ist und genauso verehrt wird? Doch genau das bestätigen zwei Reisende**, die 1899 beziehungsweise 1950 durch diese Region Afrikas reisen.

Bis mitten hinein ins Kampfgetümmel

»Sie ist hundertdreißig Meilen weit gelaufen, manchmal sechzehn Meilen an einem Tag, durch mannshohe Gräser und dichte Wälder. Sie ist nie weit zurückgeblieben und trug die Munition bis mitten hinein ins Kampfgetümmel, auch wenn ihr die Wurfspieße um die Ohren flogen. Einer ihrer Boys starb an ihrer Seite, der Pferdeknecht und sein Pferd wurden vor ihren Augen abgeschlachtet. Sieben Tage sind wir durch ein Land gewandert, in dem man ständig heimtückische Überfalle befürchten muss. Ich habe mir Sorgen um sie gemacht. Nachts war ein Haufen feuchtes Gras unser einziges Bett – keine Nahrung außer Süßkartoffeln und Kochbananen. All diese Herausforderungen überstand sie trotz Krankheiten und Unfällen. Sie erwies sich als mein kleiner Premierminister und war selbst in den schwierigsten und gefährlichsten Momenten stets zur Stelle, um kluge Ratschläge zu erteilen.«

Brief von Samuel White Baker vom 20. März 1873 an seine Schwester Ellen; zitiert nach Anne Baker: Morning Star. London, 1972.

Isabella Bird ist eine junge kränkliche Frau, die in einem schottischen Pfarrhaus mit ihren Medikamenten in einem abgedunkelten Zimmer lebt. Von einem Rückenleiden geplagt, hat sie nur ihre geliebte und bewunderte Schwester Henrietta zur Seite. Ihre Melancholie hat mögliche Freier aus ihrem Salon vertrieben. Daher ist sie schon vierzig Jahre alt, als ihr ein Arzt, der klüger ist als die anderen, eine lange Reise verschreibt.

Schottin
1831–1904

Isabella Bird

Aus Liebe zu einem Desperado

»Warum nicht?«, sagt sie sich, als sie von diesem merkwürdigen Therapievorschlag hört. Daher packt sie ihre Sachen und geht im Sommer 1872 an Bord. Die Überfahrt nach Australien ist eintönig, und ihre Schmerzen zehren an ihr. Man rät ihr, weiter nach Kalifornien zu reisen, dessen Klima Kranken ihre Gesundheit zurückgebe. Isabella findet lediglich ein altes Dampfschiff. »Egal«, sagt sie sich. »Egal«, wiederholt sie, als sich am Horizont ein Orkan zusammenbraut. Und das Wunder geschieht. Während der Rumpf des Schiffs in dem fürchterlichen Sturm zerbricht und Passagiere und Besatzung Gott ihre Seele anvertrauen, wird Isabella ein zweites Mal geboren. »Es ist, als lebte ich in einer neuen Welt«, schreibt sie noch am selben Abend an ihre Schwester Henrietta, »so frei, so lebendig, so sorglos, so interessiert, dass ich sogar bedauere, schlafen zu müssen.«

Voll neuen Tatendrangs legt sie auf den Sandwichinseln, dem heutigen Hawaii, einen langen Zwischenstopp ein. Ein neues Wunder geschieht. Isabella entdeckt ihr Glück auf dem Rücken der Pferde. Ihre Schmerzen hatten sie bislang daran gehindert, in einem Damensattel zu sitzen. Doch nun stellt sie fest, dass auf Hawaii auch die Damen rittlings auf dem Pferd sitzen. Natürlich nicht in Hosen – so etwas Unschickliches wäre ihr auch nicht im Traum eingefallen –, doch mit weiten Röcken, die so genäht sind, dass man nicht erkennen kann, dass es sich dabei um eine Art Hosenrock handelt. Isabella beobachtet, studiert, probiert aus. Sobald sie dieses merkwürdige Kleidungsstück – einen *Bloomer* – selbst nähen kann, gehört es zum festen Bestandteil ihres Gepäcks.

Im Sommer 1873 erreicht Isabella Bird die kalifornische Küste. Ein unglaublicher Heißhunger auf das Leben hat sie gepackt. Menschen,

denen sie begegnet, berichten von der Fröhlichkeit und Spiritualität dieser feinsinnigen Engländerin. Jetzt ist sie bereit für das große Abenteuer, das ihr im Herzen felsiger Berge begegnen wird. Ihr Ziel ist Estes Park, ein abgeschiedenes Tal, das man ihr wegen seiner wilden Natur und Schönheit angepriesen hat. Das Tal wird lediglich von einem schottischen Rancher bewohnt; in den Bergen leben einige Trapper und ein Desperado. Diesem begegnet sie als Erstes – und wird ihn nie wieder vergessen: »Sein Gesicht ist ganz außergewöhnlich. Er ist ein Mann um die fünfundvierzig, der von außergewöhnlicher Schönheit gewesen sein muss.« Der Ton ihrer Briefe verrät Henrietta die Faszination, die Jim Nugent auf sie ausübt – sie wusste so wenig von der Liebe! Der Desperado ist kein gewöhnlicher Bandit, sondern kultiviert und hübsch, charmant und gut gebaut. Was seine früheren Verbrechen betrifft, so kann Isabella diese nur beschönigen.

Sie rechnet nicht damit, sich in diesen, in Wolfsfelle gekleideten Gesetzlosen zu verlieben. Noch viel weniger rechnet sie jedoch damit, dass er sich in sie verliebt. Denn sie weiß nicht, dass sie nicht nur intelligent, sondern auch verführerisch ist. Selbst der Orkan auf dem Pazifik ist kein Vergleich zu dem Sturm der Gefühle, die Jim Nugent auslöst, als er ihr zwei Monate später seine Liebe gesteht.

Doch sie weiß, dass die Liebe gefährlich ist. Daher bricht sie, nachdem sie einige Wochen auf der schottischen Ranch verbracht, die umliegenden Gipfel erklommen und als *Cowgirl* geholfen hat, die Viehherden vor dem Winter ins Tal zu treiben, auf dem Rücken ihrer kleinen Stute Birdie auf, die Rocky Mountains zu erkunden. Sie reitet

acht Stunden täglich bei Wind und Wetter und schläft zwischen Trappern in Blockhütten. Achthundert Meilen allein durch den Schnee, mit einer Decke und drei Röcken – von denen einer aus Seide ist – als einzigem Gepäck. Sie hat nicht vor, nach ihrem Ritt nach Estes Park zurückzukehren. Doch das Geld, das sie per Zahlungsanweisung in Denver erwartet, kommt nicht an. Deshalb will sie den Winter sparsam auf der Ranch ihrer schottischen Freunde verbringen.

Ihre Rückkehr sei ein Zeichen des Himmels, glaubt der poetische Desperado und wartet gerade mal eine Woche ab, um ihr zu gestehen, dass er sie seit ihrer ersten Begegnung liebt. Trotz heftiger Gefühlswallungen denkt Isabella nicht daran, sich ihm hinzugeben. Ihre Vorstellung von sich selbst verbietet ihr, das Leben mit einem ehemaligen Kriminellen zu teilen, der mit Grizzlybären und Whisky als einziger Gesellschaft versteckt in einer Blockhütte haust. Miss Bird hängt an ihrer Ehre, aber auch an ihrer Freiheit. So flieht sie aus Estes Park, wie sie Henrietta gesteht: »Mein Herz zerschmolz vor Mitleid mit ihm …« Im Frühjahr kehrt sie nach Schottland zurück und arbeitet an ihrem ersten Reisetagebuch.

Aus der stets einsamen und tugendhaften Dame wird eine professionelle Abenteurerin. Mit einem aufblasbaren Kopfkissen, einem Moskitonetz, einer Gummibadewanne und ihren drei Kostümen (einem warmen Tweedkostüm, ihrem *Bloomer* als Reitkostüm und dem unverzichtbaren Seidenrock) ausgestattet, teilt sie das Leben der Ainu genannten Bergstämme auf Hokkaido und reitet auf dem Rücken eines Elefanten durch Malaysia.

Vorhergehende Doppelseite, links: Isabella Bird hält in ihrem Lieblingsgewand, dem *Bloomer*, ein Pferd am Zügel.
Rechts: Isabella Bird. Zeitgenössische Fotografie.

Gegenüber, oben: Traditionelles Fortbewegungsmittel auf dem Minfluss.
Unten: Isabella Bird an ihrem Schreibtisch.

Ganz oben, links: Chinesischer Tempel in Lifan Ting.
Ganz oben, rechts: Eine Mantzufamilie.
Oben, links: Arbeiter in der Ebene von Chengdu.
Oben, rechts: Zwei Ainus, japanische Bergbewohner.

Oben, links: Isabella Bird in Reisekleidung in Armenien.
Rechts: Trapper, die mit einem jungen Indianer in Colorado posieren. 1873.

Gegenüber: Porträtaufnahme mit Autogramm von Isabella Bird.

Der Tod der Schwester setzt ihrem Tatendrang ein vorläufiges Ende. Niedergeschlagen verliert die Reisende den Geschmack an der Suche nach neuen Horizonten. In ihrer Trauer heiratet sie einen gewissen Dr. Bishop und wird sesshaft. Doch fünf Jahre später ist sie Witwe.

1889 holt die mittlerweile rundliche und weißhaarige Fünfzigerin ihre Koffer wieder vom Dachboden: Kaschmir, Tibet, China, Korea, danach Rückkehr in die Heimat und erneuter Aufbruch, dieses Mal nach Marokko. Nichts hält sie auf, weder Schneestürme in Kurdistan noch Überschwemmungen in China, weder Rippenbrüche während eines Wirbelsturms in Tibet noch ein Armbruch nach einem Unfall in der Mandschurei und noch nicht einmal ein fremdenfeindlicher Volksaufstand in China, wo sie inzwischen sechzigjährig nur knapp dem Tode entgeht. Als sie ein Tumor und eine Thrombose schließlich ans Bett fesseln, will sie eigentlich gerade nach China aufbrechen. Achtzehn Monate leidet sie an der schmerzhaften Erkrankung, von der sie dieses Mal keine Reise befreien kann. Sie stirbt am 7. Oktober 1904.

In ihrem zweiten, 1879 erschienenen Buch *Das Leben einer Dame in den Rocky Mountains* hat Isabella Bird ihre Abenteuer im Wilden Westen erzählt. Doch man findet darin keine Spuren ihrer Gefühle für Jim Nugent, sondern nur ein moralisierendes, trauriges Porträt, das nichts mit den leidenschaftlichen Geständnissen zu tun hat, die sie Henrietta anvertraut hatte. Ihre Liebe ist in den Briefen zu finden, die sie wie einen Schatz gehütet hat. Dieser Schatz wurde von den Biografen des 20. Jahrhunderts zu unserer Freude geborgen und offenbart die Zerrissenheit ihres Herzens und ihre Liebe zu dem Desperado.

Ein Mann, den jede Frau lieben kann

Nach ihrem Ritt durch die Rocky Mountains ist Isabella nach Estes Park zurückgekehrt. Dort gesteht Jim Nugent ihr seine Liebe. Isabella beschreibt Henrietta noch am selben Abend die Szene: »Bezüglich Mr. Nugent ist eine Tragödie geschehen, die mich schrecklich nervös macht. Er sagte mir, dass er direkt nach meinem Weggang realisiert habe, dass er mir sehr verbunden sei und dass ihn das umbringe. Es habe während unserer Besteigung des Long Peak begonnen, behauptet er. Ich war entsetzt und habe am ganzen Körper gezittert und sogar geweint. Er ist ein Mann, den jede Frau lieben kann, doch keine vernünftige Frau würde ihn heiraten. Zudem hat er gar nicht um meine Hand angehalten. Er kennt mich zu gut, um dies zu wagen. Eine kontrolliertere Natur hätte kein einziges Wort gesagt, doch seine dunkle und stolze Seele ist plötzlich aufgelodert. Ich glaube, dass er mich jetzt hasst und sich selbst verabscheut, obwohl er ganz wie ein Gentleman gehandelt hat.«

Brief von Isabella Bird an ihre Schwester Henrietta vom 18. November 1873; zitiert nach Pat Barr: A Curious Life for a Lady. The Story of Isabella Bird. New York, 1970.

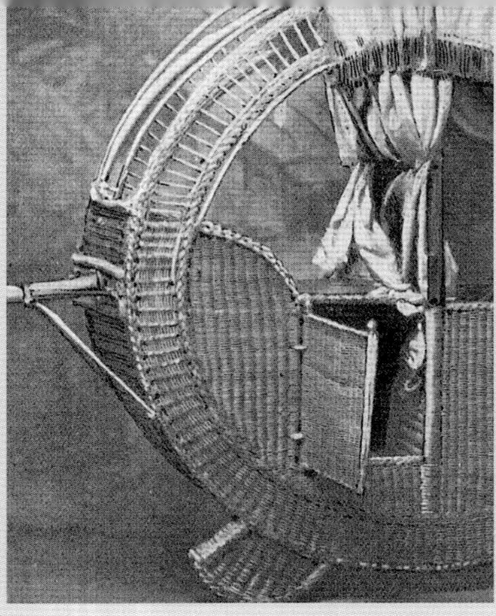

May French Sheldon ist wirklich eine militante Feministin. Als sie 1891 aufbricht, um den Kilimandscharo zu entdecken, tut sie dies nicht, um sich von der unendlichen Weite der Serengeti verzaubern zu lassen oder weil eine verzweifelte Wut sie immer weiter treibt oder gar weil sie dem Ruf des Unbekannten folgen will. Wenn sie ihr Gepäck zusammenstellt – und was für ein Gepäck –, dann um zu beweisen, dass eine Frau genauso gut Forschungsreisende sein kann wie ein Mann.

Amerikanerin
1847–1936

May French Sheldon

Die weiße Königin

Als May French Sheldon mit vierundvierzig Jahren nach Afrika aufbricht, ist diese Expedition keineswegs ihre erste Herausforderung. Zuvor schon hatte sie französische Literatur gelehrt und als Geschäftsfrau, als Gründerin und Leiterin eines erfolgreichen Verlags und als gefeierte Übersetzerin von Flauberts *Salambo* gearbeitet. Zudem ist sie die liebende Ehefrau von Eli Lemon Sheldon, der mit seiner hyperaktiven besseren Hälfte sehr nachsichtig umgeht, und *last but not least* ist sie die einzige Tochter eines exzentrischen, intellektuellen Ehepaars, das aus reichen Südstaatenfamilien stammte.

Daher war es nur verständlich, dass sich May French Sheldon nach der Literatur und dem Handel dem Reisen widmet. Im Abendland der 1890er-Jahre sind Forscherreisen in Mode. Tropenhelm und Wickelgamaschen, Feder und den Finger am Abzug – die Karikatur des Forschers ist in der allgemeinen Vorstellung fest verankert. In jener Zeit folgen ganze Heerscharen den Eroberern, die zwanzig Jahre zuvor einsam und leidenschaftlich für ihre Sache gekämpft hatten. Der berühmteste jener Abenteurer des Unbekannten ist Henry Morton Stanley, der Mann, der mit der Frage *»Dr. Livingstone, I presume?«* in die Geschichtsbücher einging, der den Kongo-Freistaat gründen half und zudem ein Freund der Familie French Sheldon war. Daher erstaunt es nicht weiter, dass May mit dieser neuen Unternehmung dem nacheifert, was für sie am Ende des Jahrhunderts die höchste zivilisatorische Courage darstellt, nämlich in exotische Länder zu reisen.

1891 zieht sie los, und die Wahl fällt wegen Stanley auf Afrika und auf den Kilimandscharo. Ein solches Ziel erlaubt keinen Fehlschlag. Daher bereitet May ihre Reise wie eine militärische Unternehmung vor. Glücklicherweise gehört das Organisieren zu ihren Stärken, und

THE COURT DRESS.

ihr privates Vermögen erlaubt ihr, sämtliche Vorkehrungen zu treffen. Sie schwört sich, niemals unter Hunger, Kälte oder Hitze zu leiden.

Natürlich darf ihr Mann nicht mitreisen, sonst verlöre diese Demonstration all ihren Wert. Zudem hat sie den Vorsatz, einzig Frauen zum Tragen des Gepäcks zu rekrutieren. Dies ist der einzige Punkt, an dem ihre Expedition fehlschlägt. Als sie auf Sansibar ihre letzten Vorbereitungen trifft, findet sie dort nur eine einzige Trägerin. Daher erreicht sie Mombasa mit dreihundert Männern.

Es war vorhersehbar, dass die Truppe die Kompetenz dieser merkwürdigen Kreatur hinterfragt, die plant, sie durch das Gebiet der Massai zu führen. Vielleicht um sie zu testen, meutern die Träger schon am Ende des ersten Tagesmarschs. Die Antwort der Forscherin folgt prompt: »Jetzt oder nie musste ich diesen Aufständischen, diesen Halbwilden zeigen, dass ich unabdingbaren Gehorsam und Disziplin um jeden Preis fordere. Nach einem kurzen Moment der Ratlosigkeit, zielte ich auf einen über uns fliegenden Aasgeier und drückte ab. Zur Überraschung der Rebellen landete er direkt vor meinen Füßen. So gewann ich mit meinen geladenen Pistolen all meine Redegewandtheit zurück und begann ohne Übersetzer einige Worte Suaheli, die ich gelernt hatte, zu sprechen: ›Ich werde alle Männer töten, die nicht mit dem Gepäck auf dem Kopf aufrecht stehen, wenn ich bis drei gezählt habe!‹« Von diesem Moment an ist May French Sheldon *Bibi Bwana,* die weiße Königin.

Für May bedeutet der auf zweitausend Meter Höhe gelegene Chalasee am Fuß des Kilimandscharos (dessen Gipfel 1889 erstmals

bestiegen worden war) das Ende der Reise, da er sich auf dem Gebiet des als feindselig geltenden Stammes der Rombos befindet. Nachdem der See kartografiert ist und die Rombos freundlich begrüßt wurden, macht sich May zufrieden auf den Rückweg. Sie hat der Wissenschaft gedient und bewiesen, dass das Wort Forscher auch eine weibliche Endung haben kann.

Das ist alles. In ihren Aufzeichnungen ist nie von Entsetzlichem die Rede. Und in der Tat ist beinahe nichts passiert, weder der Forscherin noch ihren Männern, und das aus einem einfachen und ehrenvollen Grund: Die Feministin hat nicht nur geschworen, während der Reise selbst nie zu leiden, sie hat auch geschworen, dass ihre Träger nie leiden sollten. Nach diesem Prinzip werden die Strecken für die Tagesmärsche geplant, wird jedes Mitglied der Truppe täglich medizinisch untersucht; schon die kleinsten Wehwehchen werden intensiv behandelt. Außerdem wird das Essen überwacht, und jeder wird körperlich bestraft, der die Beziehung zu den sie umgebenden Eingeborenenstämmen in Gefahr bringt. Weder die Rombos noch die wilden Krieger der Massai konnten an ihrer Überzeugung rütteln, dass Diplomatie niemals versagt, wenn sie mit viel Umsicht und etwas Theatralik eingesetzt wird.

Die Expedition kommt mehr oder weniger genauso wohlbehalten und reich zurück, wie sie losgezogen ist, und kein Afrikaner hat Grund zur Beschwerde. Im Gegenteil – die merkwürdigen Geschenke und die nicht weniger erstaunlichen Kostüme der weißen Königin bleiben ihren Gastgebern für alle Zeiten in Erinnerung.

Vorhergehende Doppelseite, links:
In dieser Sänfte reist May French Sheldon eintausendfünfhundert Kilometer durch Ostafrika.
Rechts: May French Sheldon.
Zeitgenössische Fotografie.

Gegenüber, links: May French Sheldon in großer Robe.
Rechts: May French Sheldon während der Siesta in ihrer Sänfte.

Oben: Postkarte einer Straße in Mombasa, Kenia.

Oben: Trotz der durch das Klima verursachten Schäden konnten einige Negative entwickelt werden. Dieses Foto zeigt die erstaunten Gesichter eines Eingeborenenstammes angesichts von May French Sheldons Fotoapparat.

Gegenüber: Eine Karawane beim Aufstieg zum Kilimandscharo.

Leider ziehen die Leser des 20. Jahrhunderts die blutigen Eroberungen à la Stanley dieser als Spaziergang anmutenden Expedition einer feministischen Geschäftsfrau vor. Doch nur vordergründig gleicht die Reise einem Spaziergang. Lange Zeit verschweigt sie den Unfall, der ihr zugestoßen ist. Als die Träger einen Hochwasser führenden Fluss durchqueren, wird sie von der Strömung fortgetragen und gegen einen Felsen geschleudert. Mit einem gebrochenen Wirbel wird der letzte Teil der Reise für sie zum Martyrium, das sie heldenhaft erträgt. Ihr Stoizismus trägt ihr die Bewunderung der ihr Nahestehenden ein, doch auch die Gleichgültigkeit der Nachwelt. Dennoch gibt es keinen Grund zur Klage. Nach dem errungenen Sieg und dem ordentlichen Verkauf ihres Buchs erholt sich diese glückliche Seele genauso von der Wirbelfraktur wie von der Tatsache, dass sie vollkommen in Vergessenheit gerät. Als sie 1936 mit neunundachtzig Jahren stirbt, ist sie den nachfolgenden Generationen der weiblichen Forschungsreisenden längst kein Begriff mehr.

Das Gepäck der weißen Königin

Zur Kleidung gehören:
einige Kostümjacken und kurze Röcke (bis zu den Knöcheln reichend!), ein weißes Baumwollkostüm, Nachthemden, ein Morgenmantel aus Seide, drei Hüte, einer aus Filz mit Straußenfeder, einer mit Schleier aus Musselin und ein dritter in Form eines Helms mit langem Visier, der mit einem breiten Goldband verziert ist, weiße Handschuhe mit Stulpen, ein Wanderstock graviert mit ihrer Devise »Noli me tangere« (Rühr mich nicht an) und ein festliches Gewand, das aus einer langen weißen und mit (falschen) Edelsteinen bestickten Seidentunika sowie einem breiten Schulterriemen besteht, an dem ein mittelalterlich anmutender Degen und ein Dolch (beide aus Weißblech) hängen, Letzterer dazu gedacht ist, ihn in den Halsausschnitt gleiten zu lassen. Bei Begegnungen mit Fremden gipfelt dieses Kostüm in einer langen blonden Perücke à la Walküre.

Zu den Tauschobjekten zählen: Perlen, Draht, Samt, goldene Spitzen, Uniformen englischer Soldaten (die Zahl der Kupferknöpfe war absichtlich erhöht), rote Regenschirme, Spieldosen, Taschenuhren, Drachen, Puppen, Bilderbücher, Tonpfeifen, Nähmaschinen und Hunderte von Ringen mit der Gravur »May Sheldon«.
Zum Gepäck gehörte (neben ganz banalen Gegenständen) auch ein runder Tragesessel aus Korbgeflecht, ein zerlegbares Ruderboot, eine Badewanne, ein Porzellanservice, Silberbesteck, Falttische und -stühle, Servietten, Tischdecken und eine komplett ausgestattete Reiseapotheke.
Auf den Fußmärschen trug May am Gürtel ein kleines Etui, indem sich griffbereit die wichtigsten Utensilien dieser Reiseapotheke befanden.

Zusammenfassung aus
May French Sheldon: Sultan to Sultan. Manchester, 1999.

Die Geschichte der Marianne North ist außergewöhnlich und unspektakulär. Außergewöhnlich, weil sie, nach Kilometern, eine der größten Reisenden der Geschichte ist. Unspektakulär, da das viktorianische Zeitalter zahlreiche Damen hervorbringt, die wie sie mit steifem Kragen, Hutschleier und Sonnenschirm, manchmal auch mit Staffelei oder Schmetterlingsnetz, aber immer mit einer ansehnlichen Rente und Empfehlungsschreiben, die Kontinente abgrasen. Sie alle sind ältliche Jungfern, ehrenhaft und einsam, ungestüm und doch so sittsam.

Engländerin

1830–1890

Marianne North

Von Blume zu Blume

Marianne ist vierzig Jahre alt, als sie sich die Frage stellt: Was mache ich jetzt? In jungen Jahren hatte sie den Haushalt ihres Vaters versorgt. Nach seinem Tod erscheint ihr der eigene Horizont zugleich sehr leer und zu bequem. Sie besitzt Geld, verspürt weder den Wunsch noch das Bedürfnis, sich einen Ehemann zu suchen, und erinnert sich daran, dass ihr die Reise, die sie mit ihrem Vater ins Heilige Land unternommen hatte, sehr gut gefallen hat. Sie träumt daher davon, diese Erfahrung zu wiederholen.

Doch für eine Engländerin gilt es 1871 als unschicklich, sich von ihren Fantasien leiten zu lassen. Vielmehr ist es wichtig, sich um Zivilisierung und Humanität verdient zu machen. Missionarin zu werden reizt sie wenig. Ebenso wenig gar Krankenschwester – schließlich hatte sie die besten Jahre ihres Lebens damit verbracht, ihren Vater zu pflegen. Doch sie hat nichts gelernt, außer Blumen zu malen; damit hat sie sich während der Krankenwachen die Zeit vertrieben. Blumen malen? Warum nicht!

Wie viele ihrer Kolleginnen ist Marianne gut organisiert, unternehmungslustig und entschlossen, die Welt auf ihre Weise zu erobern, indem sie sich sämtliche Blumenarten dieser Erde aneignet. Die Spielregeln: die Blumen niemals pflücken und sie nur mit Ölfarben und in ihrer natürlichen Umgebung malen. Die Freunde der Familie ermutigen sie, darunter Männer wie Charles Darwin, Francis Galton, Joseph Hooker, allesamt angesehene Wissenschaftler. Vielleicht sind sie so enthusiastisch, weil sie meinen, dass es zum guten Ton gehöre, ältliche Tanten zu beschäftigen, und sie sich nicht vorstellen können, dass sich Miss North in Gefahr begeben könne, wenn sie ihre Staffelei vor den besten britischen Hotels der Erde aufstellt.

Vorhergehende Doppelseite, links:
Eine von Marianne North gemalte Pflanze, die nach ihr benannt wurde, die *Nepenthes northiana*. Rechts: Marianne North an ihrer Staffelei.

Oben: Eine 1875 von Marianne North gemalte Teeplantage auf Java.

Gegenüber: Zwei Postkarten von Ceylon, heute Sri Lanka.

Einmal unterwegs, ist Marianne nicht mehr zu bremsen. Ihre wissenschaftliche Arbeit entwickelt sich allmählich zu einer alles verzehrenden Leidenschaft: entdecken und malen. Im Ganzen hat sie die Erde zweimal umrundet. Während ihr Werk beständig wächst, beauftragt, finanziert und überwacht sie den Bau eines Gebäudes, dessen einziger Zweck es ist, ihre Bilder zu verwahren, die North Gallery.

Die Globetrotterin nimmt nie große Risiken auf sich. Es dürstet sie nicht nach Unabhängigkeit, daher behält sie lange den Spitznamen Tante Pop bei, den ihr ihre Neffen verliehen haben. Sie baut sich irgendwo vor ihrem Objekt, einer einfachen Blume, auf und lässt sich von ihrer Mission gefangen nehmen. Irgendwo, das bedeutet auf Borneo, Sri Lanka, Jamaika, auf den Seychellen, in Australien, Japan, am Kap. Sie bewundert die Farben und den Duft, bedankt sich bei ihren Gastgebern und probiert exotische Gerichte. Fotos zeigen sie stets auf ihrem Faltstuhl sitzend, die Füße dicht nebeneinander, den Blick auf die Leinwand gerichtet und die Finger voller Farbe.

Das Ergebnis ist überwältigend. Während einer Brasilienreise entstehen hundert Bilder, während einer Reise durch Indien zweihundert. Ihr Name ist in die botanischen Wissenschaften eingegangen; fünf Pflanzen sind nach ihr benannt: *Northea seychellana, Nepenthes northiana, Crinum northianum, Areca northiana* und *Kniphofia northiae* – zwei davon hat sie entdeckt.

Erst Rheuma und Erschöpfung sorgen für den Abbruch ihrer Reisen. Umsichtig räumt sie Koffer und Pinsel ein letztes Mal weg und stirbt im August 1890 in Gloucestershire. Doch ihre Blumen sind so unsterblich, wie sie es sich gewünscht hat. Die North Gallery ist mit achthundertzweiunddreißig Ölgemälden nach wie vor eine der meistbesuchten Attraktionen des Kew Gardens in London. Ihre sensible künstlerische Fortentwicklung hin zu einem sehr persönlichen Impressionismus zeigt, in welchem Ausmaß das Reisefieber Marianne North gepackt und wie stark sie am Ausdruck ihrer Kunst gearbeitet hat.

Auf den Seychellen malt sie einen bislang unbekannten Baum, der schon bald unter dem Namen »Northea seychellana« klassifiziert wird.

»Auf der Insel Curieuse gab es viele dieser Bäume. Ein kleiner Pfad führte zu einem der größten Exemplare. Ich kletterte auf einen Felshaufen, der sich dahinter erhob, und hockte mich auf dessen Spitze. Meine Freunde bauten mir eine Art Fußbank, indem sie einen Stein heranrückten. Ich stellte meine Staffelei auf ein großes, fächerartiges Blatt und konnte so die ganzen Früchte und Knospen malen, wobei der leiseste Wadenkrampf oder die kleinste falsche Bewegung das sichere Ende für mich und das Bild bedeutet hätten.«

Marianne North;
zitiert nach Dorothy Middleton:
Victorian Lady Travellers.
London, 1965.

Die reisenden Damen des 19. Jahrhunderts beriefen sich allesamt sehr auf ihre Weiblichkeit, doch Jane Dieulafoys Weiblichkeit ist sicher etwas Besonderes. Natürlich hat auch Jane ein Gespür für Kleidung, doch diese unterscheidet sich von denen ihrer Kolleginnen: Gehrock, Weste, falscher Kragen und Krawatte, Hosen und Stiefel. Der merkwürdige Anblick Madame Dieulafoys, einerseits zart und blond, zugleich durch und durch maskulin, wird in den bourgeoisen Salons der 1880er-Jahre viel bestaunt. Eine Zeitzeugin erzählt, dass sie sich dort wie »ein untadeliger jugendlicher Held« gebe.

Französin
1851–1916

Jane Dieulafoy
Die Zwitterhafte

Ist es pure Bequemlichkeit oder die Lust an der Provokation? Auf jeden Fall zeigt sich Jane bei jeder Gelegenheit mit kurz geschorenem Haar und in einem dreiteiligen Anzug, der ihre weiblichen Formen verbirgt, egal ob im engsten Familienkreis oder bei offiziellen Anlässen, in exotischem Ambiente oder in Pariser Kreisen. Sicher ist jedoch, dass es nicht nur eine Laune war, als sie 1870 zum ersten Mal von Männerkleidung träumte. Zu diesem Zeitpunkt trifft sie den Mann, den sie heiraten wird. Der Polytechniker Marcel Dieulafoy kämpft in der Armee an der Loire gegen die preußischen Angreifer. Entschlossen, sich ebenfalls der Gefahr zu stellen, zieht sie die Uniform der französischen Schützen an, Hemd und graue Hose, und nimmt an den Einsätzen teil.

Zehn Jahre später – Jane ist mittlerweile achtundzwanzig – erinnert sie sich daran, wie bequem die Männerkleidung war. Als sich die Dieulafoys gemeinsam entscheiden, ihren Traum zu verwirklichen und in Richtung Orient aufzubrechen, hängt sie ihre Kleider endgültig an den Nagel.

Diese der Entdeckung des antiken Persiens dienende Reise gilt in ihrem Freundeskreis als das exzentrische Vorhaben zweier Privatiers. In der Tat sind sie keine Archäologen. Doch sie begeistern sich für Architektur, sind sich eng verbunden und wissen nach den Kriegserlebnissen, dass sie beide Mut haben. Und diesen Mut brauchen sie auch. 1881 war Persien ein von Korruption und Plünderung gebeuteltes Land. Da sie weder mit Eskorte noch im Auftrag reisen, sind sie besonders gefährdet. Die Wege sind unsicher, die Karawansereien feindselige Kaschemmen und die Gouverneure der einzelnen Gebiete tyrannische Potentaten. Jeder Tag ist ein Sprung ins Ungewisse.

Madame Dieulafoy. — Dessin de É. Bayard, d'après une photographie.

Im Herbst 1881 erreicht das Paar die Ruinen von Susa, einer antiken persischen Stadt, die zur Zeit Darius des Großen Hauptstadt des Achämenidischen Reichs war, und entdecken unter Brombeerranken Säulen und Mauern aus getrockneten Ziegeln. Sie verlassen den Ort mit einer sich zur Obsession steigernden Entdeckerlust: Sie wollen Susa ausgraben und den Palast des Darius aus dem Nichts zurückholen, in dem er verschollen ist.

In Frankreich stellen sie eine Expedition auf die Beine, dieses Mal allerdings im Einvernehmen mit dem Direktor des Nationalmuseums und dem Schah von Persien. Im Dezember 1884 brechen sie erneut nach Susa auf. Insgesamt verbringen sie dort sechs Monate mit zwei Ausgrabungsmannschaften, mit denen sie das berühmte Fries der Bogenschützen freilegen, das heute im Louvre zu sehen ist. Dank ihrer spektakulären Entdeckung wurde dem europäischen Publikum der Reichtum der persischen Antike ein großes Stück nähergebracht.

1885 ist das Alltagsleben der Archäologen ein ständiges Abenteuer. Heftige Regenfälle lassen die Fundamente immer wieder einstürzen, und zugleich wird das stickige Lager von Insektenschwärmen heimgesucht: »Die Fliegen leben hier in so gewaltigen Schwärmen, dass Helm und Kleidung wie ein Panzer wirken, und die Mücken haben so lange Stacheln, dass sie sogar durch die Kleidung stechen, nachdem sie durch das dicke Tuch der Zelte eingedrungen sind.« In diesem Klima verdirbt Fleisch innerhalb von zwei Stunden und Milch noch schneller. Die Verpflegung ist schwierig, als Gemüse gibt es meist nur Disteln und Malven, die auf den Ruinen wachsen. Auf der Sandpiste,

Vorhergehende Doppelseite, links:
Moschee und Friedhof von Shushtar im Iran. Zeichnung von Barclay nach einem Expeditionsfoto.
Rechts: Jane Dieulafoy in ihrem Pariser Salon in der Rue Chardin. Um 1900.

Gegenüber, oben: Transport von archäologischem Material. Zeichnung von Ferdinandus nach einem Expeditionsfoto.
Unten, links: Jane und Marcel Dieulafoy, Babin und Houssay suchen während ihres ersten Aufenthalts in Susa im Jahr 1884 unter einem arabischen Zeltdach Schutz vor den sintflutartigen Regenfällen. Zeichnung von Myrbach.
Unten, rechts: Jane Dieulafoy im Alter von dreißig Jahren in der Kleidung, in der sie zwischen 1881 und 1882 Persien bereist.

Oben: An den Ufern des Kerkha bei Susa stellt Jane einige Wegelagerer. »Ich habe vierzehn Kugeln zu eurer Verfügung! Also sucht euch noch sechs Freunde!« Zeichnung von Tofani nach einer Skizze von Marcel Dieulafoy, 1888.

auf der dreißig Maultiere und dreiundvierzig Kamele die Ausgrabungsschätze abtransportieren, ist es um die sechzig Grad heiß.

Bei all den Leiden zweifelt nach der Rückkehr der beiden Amateurarchäologen niemand daran, dass Madame ihrem Mann nicht einfach gefolgt ist, sondern an seiner Seite entschlossen die Hälfte des Abenteuers selbst getragen hat und auch die Hälfte der Früchte der Arbeit ernten will. Sie ist es, die die Reportagen in der Zeitschrift *Le Tour du Monde** schreibt. Die mittlerweile berühmte und geschätzte Jane ist längst kein Kuriosum mehr; sie ist eine Ausnahmeerscheinung. Außer ihr hat im Frankreich der 1890er-Jahre keine andere Frau so sehr ihr Recht erkämpft, sie selbst zu sein und ihre Kleidung, ihren Beruf und ihren Status frei zu wählen, ohne wie eine gefallene Frau behandelt zu werden. Die liebevolle Verbundenheit zu ihrem Mann verschafft ihr einen einzigartigen Status in der Geschichte der Frauen.

Dabei ist es kein feministischer Kampf, um sich mehr Rechte und Freiheiten zu erstreiten. Sie denkt nur an den Orient. All ihre Texte zeugen von einer ungeheuren Leidenschaft für diese Region. Trotz Malaria und Ruhr, trotz Parasiten (um die Flöhe loszuwerden, musste sie sich den Schädel rasieren) und Todesdrohungen lokaler Herrscher schwört sie dem Zauber des Orients nie mehr ab. Zehn Jahre später schreibt sie, dass sie einen Teil ihres Herzens in Persien gelassen habe. Doch auch ihre Gesundheit hat sie dort zurückgelassen. Von einer Amöbenruhr befallen, die sie in den folgenden Jahren quält, stirbt sie nach einer letzten archäologischen Reise nach Marokko am 25. Mai 1916 in den Armen ihres Mannes.

Gegenüber: Hauptstraße von Shushtar im Jahr 1886. Radierung von Bertrand nach einer Zeichnung von Marcelle Lancelot nach einem Foto von Jane Dieulafoy.

Oben: Jane Dieulafoy während einer Januarnacht in der iranischen Provinz Hormozgan. Zeichnung von Tofani nach einer Skizze von Marcel Dieulafoy.

Oben: Für eine Ausgrabung angeheuerte Loren, ein Nomadenstamm im Südwest-Iran. Federzeichnung von Taylor nach einem Expeditionsfoto.
Rechts: Ein von den Dieulafoys entdeckter Wandfries in Susa, das einen Löwen darstellt. Federzeichnung von Tofani nach einer Skizze von Marcel Dieulafoy.
Darunter: Das Haus im iranischen Bushir, das als Ausgangspunkt für die Ausgrabungen dient. Federzeichnung von Barcley nach einem Expeditionsfoto.

Gegenüber: Basreliefs am Palast von Darius dem Großen in Susa. Nach einer Zeichnung von Barcley.

Vier Mal trifft meine Kugel den Stein

Als Jane Dieulafoy, genannt »Khanoum« (Dame), Scheich Ali, dem Herrscher der Nomaden, ihre Ausgrabungen präsentiert, wird sie von einem Verwandten des Scheichs gerufen, der mit den Besuchern einen Schießwettbewerb veranstaltet. »›Die Khanoum ist mit dem Schießen an der Reihe‹, ruft einer der Araber. Khanoum zögert: Würde sie die Reputation ihrer Kameraden kompromittieren oder beweisen, dass die Frauen aus »Faranguistan« (Frankreich) aus anderem Holz geschnitzt sind als die Männer? Man besteht auf ihrem Versuch: Ich knie mich mit einem Bein auf den Boden, lege an und treffe viermal den Stein, um mit jedem Schuss triumphierend Staub aufzuwirbeln. Auf meine kleine Salve folgen enthusiastische Rufe, die Araber berühren meine Waffe und den Saum meiner Kleidung: ›Seid gesegnet! Gott erhalte euer Leben!‹ usw. Wir werden wohl nicht so bald angegriffen werden.«

Jane Dieulafoy: En mission chez les immortels. Journal des fouilles de Suse, 1884–1886. Paris, 1990.

Fanny van de Grift liebt fröhliche, fantasievolle und ungeduldige Männer, »denen es wichtig ist, in Bewegung zu bleiben«, wie Robert Louis Stevenson sagt. Dem ersten Mann folgt sie in die Wüste Nevadas, dem zweiten auf eine Insel im Pazifik. Doch auch wenn beide ein fröhliches Gemüt besitzen, hat Fanny in ihren Ehen mindestens genauso viel Schmerz wie Freude erfahren. Kaum hatte Sam Osbourne das sechzehnjährige Mädchen geheiratet, verlässt er Indiana, wo damals die van de Grifts leben, und zieht in die Sezessionskriege.

Amerikanerin
1841–1914

Fanny Stevenson

Gleichgültigkeit ist unvorstellbar

Der Frieden ist kaum unterzeichnet, bricht Sam erneut auf, dieses Mal um auf der anderen Seite des Kontinents die Wüste Nevadas zu erforschen, weniger um sich dort zu bereichern, sondern vielmehr um das große Abenteuer des Westens nicht zu verpassen. Als er Fanny bittet nachzukommen, zögert sie nicht. Sie reist mit ihrer fünfjährigen Tochter mit dem Zug nach New York und mit dem Schiff nach Panama, erreicht über die Landenge den Pazifik, reist weiter die Küste hinauf bis San Francisco und findet eine Postkutsche nach Austin. Siebenundvierzig Tage ist sie unterwegs und hat das siebzig Kilometer lange Sumpfgebiet Panamas zum Teil zu Fuß durchquert.

Das Ende der Reise ist Virginia City, eine kleine aus der Wüste gestampfte Goldgräberstadt. Sam hat dort weder Gold noch das große Geld entdeckt, aber er besitzt dort mittlerweile viele Freunde und eine Geliebte. Dennoch kehrt Fanny nicht ins heimatliche Familiennest zurück. Mittlerweile ist sie selbst Pionierin geworden und führt das Leben der Goldsucher: die Blockhütten, der Durst, die Furcht vor den Klapperschlangen und den Indianern. Wenn Sam glaubte, er habe eine wunderbar aufopferungsvolle Frau geheiratet, hätte er sich getäuscht. Fanny bleibt eher, um über sich selbst hinauszuwachsen und um zu kämpfen, als um ehelichen Gehorsam zu demonstrieren.

1868 ist die mittlerweile zweifache Mutter ihren Mann, der sie nicht mehr zum Lachen bringt, endgültig leid. Sie reist zurück Richtung Osten: per Schiff, über die Landenge, wieder per Schiff und schließlich per Eisenbahn. In der Hoffnung, ihre Ehe sei vielleicht doch noch zu retten, kehrt sie wieder um. Zwischen 1869 und 1875 wirken die Osbournes äußerlich noch einmal wie eine normale

Familie, doch Fanny fühlt sich in der Rolle der braven Ehefrau immer unwohler. Um sich ein eigenes Leben aufzubauen, versucht sie sich in der Malerei. Die ersten Ergebnisse sind so gut, dass sie beginnt, von einer Karriere als Künstlerin zu träumen ... Allerdings leben die größten Maler der Epoche in Europa. Nachdem sie Sam die Einwilligung abgerungen hat, schifft sie sich mit ihren mittlerweile drei Kindern nach Antwerpen ein. Den Herbst 1875 verbringt sie in Paris und belegt Malkurse. »Ich bin sehr entzückt von der französischen Art zu malen, aber ich verstehe noch nicht viel davon«, schreibt sie. Unglücklicherweise wird sie ihre Kenntnisse nicht vertiefen können. Ihr jüngster Sohn Hervey erkrankt, und plötzlich wird ihr ganzes Leben von Medikamenten, Behandlungen, Nachtwachen und schließlich dem unerträglichen Leiden des Kindes bestimmt. Im Frühjahr 1876 reist Sam zu seiner Frau und sieht Hervey qualvoll sterben.

Sam fährt zurück – Fanny bleibt. Mit ihren älteren Kindern Bell und Lloyd verbringt sie den Sommer in einer Pension in der Nähe des Waldes von Fontainebleau, in dem sich die Pariser und Londoner Bohemiens regelmäßig zum Malen treffen.

An diesem Ort bemerkt ein junger schottischer Dichter zum ersten Mal die trauernde Amerikanerin mit dem offenen Blick und der Zigarette in der Hand. Sie erscheint ihm als Inbegriff der freien und zugleich mütterlichen Frau, und er verliebt sich in sie. Robert Louis Stevenson ist neun Jahre jünger als Fanny, doch die »fremde Göttin«, wie er sie bezeichnet, ist allein für ihn geschaffen. In diesem Punkt wird er seine Meinung niemals ändern. Genau wie Sam lacht er

gerne, ist bei den Kindern beliebt und kann nicht lange an einem Ort verweilen. Doch im Unterschied zu ihm ist er ständig krank. Seine Lust zu reisen ist gleichzeitig eine unablässige Suche nach Sonne, frischer Luft und Bergen zur Linderung seines tuberkulösen Hustens. Fanny lehnt die Rolle der Krankenschwester und Mutter, die der junge Schriftsteller von ihr fordert, entschieden ab. Gleichzeitig hat sie Angst vor der Rolle der gefallenen Frau und der Geliebten. Sie flieht nach Kalifornien zu Sam und hofft erneut, ihre Ehe retten zu können. Doch erst nach ihrer Trennung können die Liebenden ermessen, in welchem Maß ihre beiden Leben bereits miteinander verschmolzen sind. Auf ein Telegramm, das Fanny ihm im Juli 1879 schickt, antwortet Louis: »Halte dich wacker, ich bin in einem Monat bei dir.« Er verlässt Schottland und reist nach Kalifornien. Er kommt am Ende seiner Kräfte an, muss sich aber noch gedulden, bis Fanny eine Scheidung erwirkt hat, die ihr die Kinder überlässt.

Kaum haben Fanny und Louis am 19. Mai 1880 geheiratet, beginnt erneut die Suche nach Sonne und frischer Luft, die sie von Gebirge zu Gebirge und von Strand zu Strand treibt und die vom Erscheinen der ersten Meisterwerke geprägt ist, darunter *Die Schatzinsel* und *Dr. Jekyll und Mr. Hyde.*

1888 reisen Fanny und Louis in die Südsee. Nach einer langen Irrfahrt von Insel zu Insel lassen sie sich auf Samoa nieder und finden dort eine Seelenruhe, die sie sich vorher nicht vorstellen konnten, obwohl sie versucht hatten, in der Schweiz, an der Küste Englands, an der Côte d'Azur, im Staat New York, auf Hawaii, in Australien zu

Vorhergehende Doppelseite, links:
Robert Louis Stevenson. Ausschnitt aus einem Ölgemälde von John Singer Sargent, 1885.
Rechts: Fanny Osbourne aus der Zeit, kurz nachdem sie Stevenson kennengelernt hat.

Gegenüber, oben: Robert Louis Stevenson auf seiner Yacht *Equator.*
Unten: Fanny Stevenson im Jahr 1883.

Oben: In Vailima auf der Insel Upolu, Samoa, wo Robert Louis Stevenson und Fanny residierten, empfangen sie ein britisches Marineorchester und Einheimische.

Oben: Die Familie Stevenson posiert mit ihren Dienstboten und Einheimischen vor ihrem Haus in Vailima.
Rechts, oben: Fanny und Robert Louis Stevenson in Begleitung von Nantiki und Natakauti auf Butaritari, einem zu Kiribati gehörenden Atoll.
Darunter: Fanny Stevensons Beerdigung am 23. Juni 1915 auf dem Berg Vaea, einundzwanzig Jahre nach dem Tod ihres Mannes.

Gegenüber: Das letzte Porträt von Robert Louis Stevenson. 1893.

leben. Sie kaufen ein Anwesen auf der Insel Upolu, Samoa, und lassen sich nieder. Weitere große Werke wie *Catriona* und *Südsee-Nachtgeschichten* entstehen. Louis profitiert nicht lange von dem Paradies. 1894 stirbt er im Alter von nur vierundvierzig Jahren an einer Apoplexie. Auf seinen Wunsch hin bestattet ihn Fanny auf dem Gipfel des Berges Vaea und kämpft die folgenden zehn Jahre vergeblich darum, die von ihrem Mann gegründete Plantage zu erhalten. Sie kehrt nach San Francisco zurück.

Doch ihr Leben ist noch nicht beendet. Immer noch ist sie fröhlichen Männern zugetan. Und die fröhlichen Männer lieben sie ebenso: »Als junge Frau war sie hübsch«, schreibt ihre Schwester Nellie. »Im Alter wird sie eine Schönheit. Die jungen Männer lieben ihre Gesellschaft.« Die jungen Männer heißen Gelett Burgess und dann Ned Field. Von Beruf Journalisten und Liebhaber aus Leidenschaft. Die Männer stört es nicht, dass ihre Geliebte dreißig Jahre älter ist. »Sie war die einzige Frau auf der Welt, für die ich mir als Mann vorstellen könnte zu sterben«, schreibt Ned Field.

Fanny ist mittlerweile dreiundsiebzig Jahre. Sie genießt das Leben, bis sie am 17. Februar 1914 sanft entschläft. Ihre letzte Reise führt nach Samoa, auf den Gipfel des Berges Vaea, wo sie an der Seite Robert Louis Stevensons ihre letzte Ruhestätte findet.

Fanny Stevenson, die eigenartige Frau mit dem Eingeborenennamen »Tamaitai«

»Falls Sie sich nicht mit ihr verstehen, täte mir das für Sie und das Vergnügen Ihres Besuchs leid. Sie sagt, wo's lang geht [...]. Eine wunderbare Freundin, eine gefürchtete Feindin. Und stets gehasst oder zutiefst bewundert. Es ist unmöglich, ihr gleichgültig gegenüberzustehen. Die Eingeborenen halten sie für verhext und glauben, dass ihr die Geister gehorchen. Dass sie mit Träumen und inneren Bildern die Zukunft deuten kann.«

Brief von Robert Louis Stevenson an James Barrie vom 2. April 1893; zitiert nach R. L. Stevenson: Selected Letters. New Haven, 2001.

Es hätte nicht viel gefehlt, und Mary Kingsley wäre nie die große reisende Ethnografin geworden, als die sie bekannt wurde. Entscheidend war die Hochzeitszeremonie vier Tage vor ihrer Geburt. Hätte ihr Vater noch länger gezögert, der Dienerin, die er geschwängert hatte, seinen Namen zu geben, wäre Mary Kingsley von einer ungebildeten Frau in Schande und Mittellosigkeit erzogen worden. Doch der Mediziner und Reisende George Kingsley entscheidet sich zu guter Letzt »zu tun, was getan werden muss«.

Engländerin
1862–1900

Mary Kingsley
Das Flusspferd und der Regenschirm

So konnte die junge Mary eine gutbürgerliche Erziehung genießen und von der großen Gelehrsamkeit der gesamten Familie Kingsley profitieren. Dennoch verlebt sie keine sehr glückliche Kindheit. Nach der Geburt der Tochter flüchtet George aus dem Haus und reist erneut durch die Welt, während seine Frau in Melancholie versinkt und ihre Tochter Mary nach und nach zu ihrer Pflegerin macht. Dennoch hält dieses Leben für die Tochter einen wahren Schatz bereit: »Ich besaß direkt vor meinen Augen eine vielfältige Welt, die von meiner Familie ignoriert wurde: die Bibliothek meines Vaters.«

So erwächst Marys Zukunft aus Langeweile und Einsamkeit. Sie liest Burton, Livingstone, Brazza, Du Chaillu und andere – und wird von einer verzehrenden Leidenschaft für Afrika ergriffen, obwohl sie bislang doch nur ein paar Straßen in der Umgebung ihres Elternhauses zunächst in London und dann in Cambridge kennengelernt hat, von einer Leidenschaft, die während der fünfzehn Jahre genährt wird, die sie auf dem Hocker am Bett ihrer Mutter verbringt. Dann endlich die Erlösung: Ihre Eltern sterben kurz nacheinander – in jener Zeit bedurfte es noch eines Todesfalls, um sich aufopfernde Töchter zu befreien.

Ein Jahr später schon, 1893, schifft sie sich ein. Sie ist dreißig. In ihrem schwarzen Kleid und mit den straff hinter die Ohren gekämmten Haaren wirkt Miss Kingsley wie die perfekte viktorianische Engländerin. Doch ihr Äußeres täuscht. Was ihre Kolleginnen schockiert, begeistert sie: die afrikanischen Sitten, die Wildheit und sogar die zweideutige Welt der Abenteurer, die entlang des Kongos Handel betreiben. Auch wenn sie nach Westafrika gegangen ist, »um zu sterben«, wie sie gesteht, fand sie es dort doch sehr schnell

Vorhergehende Doppelseite, links:
»In Gabun gelten die Fang als Kannibalen« und interessieren Mary Kingsley daher ganz besonders *(Die grünen Mauern meiner Flüsse. Aufzeichnungen aus Westafrika)*.
Rechts: Mary Kingsley im Alter von 34 Jahren.

Oben, links: Bewaffnete Fangs, die als die Hauptbeschaffer des Elfenbein gelten.
Rechts: Für den Totentanz einer Voodoozeremonie gekleidete Fangs.

Gegenüber: Ein während der Burenkriege von Major Ford eingerichtetes Feldlazarett in Paordelerg in Südafrika. 1. Januar 1900.

»so amüsant, dass sie überhaupt keine Lust mehr hatte, sich umzubringen«.

Doch Mary will nicht nur als romantische Vagabundin umherschweifen, sie möchte etwas Nützliches machen. So sammelt sie im Lauf ihrer Reisen Fischarten für das Britische Museum und Fetische für sich selbst. Außerdem sammelt sie Anekdoten, die sie in ihre Erzählungen einfügt und so einen unverwechselbaren Stil schafft.

»Eines Tages befand ich mich mit einem Flusspferd auf einer Insel. Ich fand, dass einer von uns hier zu viel sei. Ich war schon bereit einzugestehen, dass ich diejenige sei, doch das Flusspferd baute sich vor meinem Kanu auf und schien keinerlei Absicht zu haben, sich zu bewegen. Schüchtern bewegte ich mich ein wenig auf das Tier zu, doch vergeblich. Schließlich kitzelte ich es mit meinem Regenschirm hinterm Ohr. Wir gingen als gute Freunde auseinander. Mit Krokodilen ist die Sache jedoch nicht ganz so einfach.«

1894 kehrt sie nach London zurück, nur um sofort wieder aufzubrechen. Als ihr jüngerer Brüder sie inständig bittet, ihn zu pflegen, wie sie ihre Mutter gepflegt habe, weigert sie sich und flieht. Nach dem Kongo besucht sie Sierra Leone und Gabun und fährt den Ogooué stromaufwärts zunächst mit dem Dampfer, dann im Kanu. Später lebt sie bei den Fang und besteigt den Kamerunberg. Wo immer sie hinkommt, stellt sie sich als *Trader* vor, als Handelsreisende. Um anerkannt zu werden und um ihre Reise zu finanzieren, tauscht sie Stoffe gegen Kautschuk und Elfenbein. Dabei gerät sie auch in zwielichtige Milieus, allerdings »muss ich sagen, dass man auf der Vauxhall Road am Samstagsabend in zwei Stunden viermal so viele Betrunkene trifft wie in einer Woche in Westafrika«.

Auch prangert sie die angebliche »Bürde des weißen Mannes an«, die den Nacheiferern Kiplings lieb und teuer ist. In ihrem zweiten Buch wirft sie den Kolonialherren und Missionaren vor, die ethnologische Annäherung an die afrikanischen Völker für eine Politik verraten zu haben, die sich »auf guten Vorsätzen, Ignoranz und Waffen ausruht«, woraufhin sie vom Colonial Office als »die gefährlichste Frau aus dem Feindeslager« eingestuft wird.

Aber Mary Kingsley weiß sich ihre Freiheit zu bewahren und proklamiert: »Wenn ich meine unteren Extremitäten in eine Hose zwingen müsste, würde ich lieber das Schafott besteigen.«

Sie verwandelt ihre Londoner Wohnung in ein exotisches, mit afrikanischen Masken geschmücktes Gewächshaus und flaniert mit einem Affen auf der Schulter durch die Straßen Londons. Mit ihrem uner-

Oben: Britische Soldaten während einer Pause in Südafrika. 1. Januar 1900.

Gegenüber: Mary Kingsley trägt nach dem Tod ihrer Eltern Trauer. 1892.

schütterlichen Humor und ihrer Sittenstrenge hat Mary Kingsley Ende des Jahrhunderts in London großen Erfolg. Die Leute reißen sich um ihre Bücher und darum, ihre Vorträge zu besuchen. Ihre letzte Reise beweist, dass sie, auch wenn sie als gefährlichste Frau der Kolonialgegner bezeichnet wird, stets Patriotin geblieben ist. Diese Reise führt sie mit dem Schiff an das von den Burenkriegen gebeutelte Kap, wo sie freiwillig als Krankenschwester in den Gefangenenlagern Südafrikas arbeitet. Nachdem sie sich bei einem ihrer Patienten mit Typhus angesteckt hatte, stirbt sie am 3. Juni 1900 in Simonstown.

Die wohl schönste Hommage an sie ist die Gründung der African Society, deren Ziel es ist, »die Gesetze und Gebräuche der afrikanischen Kultur« zu vermitteln und damit für eine bessere Verständigung zwischen weißer und schwarzer Welt zu sorgen. Symbolisch findet die erste Sitzung der Gesellschaft am 26. Juni 1900 in ihrer Wohnung statt.

Mit der hemmungslosen Tollkühnheit einer Sarah Bernhardt

Als Marys Piroge in den Stromschnellen des Ogooué kenterte, befahl der Bootsmann der weißen Frau, ans Ufer zu springen. »Beim Anblick dieses amüsanten Spektakels kamen die Dorfbewohner angerannt – Männer und Frauen, Junge und Alte und sogar die Hunde. Einige gute Seelen halfen meinen Bootsmännern, das Boot an Land zu ziehen, während ich mein Möglichstes tat, die vielen Zuschauer abzulenken, indem ich in wunderbarem Gleitflug den mühsam erklommenen Felsen wieder verließ. Während ich mich bis zum Ufer hocharbeitete, bejubelten sie meine Vorstellung und kämpften um die Plätze in der vordersten Reihe in der Hoffnung, ich würde noch einmal von vorne anfangen. Doch meine Schüchternheit hinderte mich daran, eine Zugabe zu geben, zumal meine erste Darbietung bereits mit der großartigen und hemmungslosen Tollkühnheit einer Sarah Bernhardt erfolgt war. Ich fand, dass ein solches Bravourstück ausreichen musste, ein afrikanisches Dorf für mindestens ein Jahr zufriedenzustellen.«

Mary Kingsley: Die grünen Mauern meiner Flüsse. Aufzeichnungen aus Westafrika. München, 1992.

1898 nimmt Fanny Bullock Workman Anlauf auf den Himalaya – auf einem Fahrrad, an dessen Lenkstange eine Teekanne aus Weißblech hängt.
An ihrem Tropenhelm steckt eine Nadel des französischen Touringclubs. Ein weiteres Accessoire, das stets mit dabei ist: ihr Ehemann. Fast zehn Jahre vermessen die beiden Amerikaner schon per Fahrrad die Welt.

Amerikanerin
1859–1925

Fanny Bullock Workman

Suffragette und Extrembergsteigerin

Sie sind seit 1889 unterwegs. Nachdem der schlechte Gesundheitszustand Doktor Workman in den vorzeitigen Ruhestand gezwungen hatte, überqueren sie den Atlantik, um eine Kulturreise zu unternehmen. Für den kranken Arzt ist das Fahrrad offensichtlich die beste Medizin, denn das Paar bereist nacheinander Frankreich, Italien, Spanien, Algerien und Marokko, wobei sie nach und nach ihr Fahrradgepäck um eine Peitsche ergänzen, um die Hunde zu vertreiben, die nach Fannys Röcken schnappen, um eine Pistole, um die Männer in die Flucht zu schlagen, die Gleiches versuchen, und schließlich noch um einen Fotoapparat.

Nach einer Stippvisite in Sri Lanka gehen sie 1898 am Kap Comorin mit dem Plan an Land, ganz Indien zu durchqueren und bis zum Dach der Welt zu reisen. Zweitausendfünfhundert Kilometer – die längste Etappe ist hundertsiebenunddreißig Kilometer lang – auf teils schlammigen, teils sandigen Wegen und bei einer Temperatur, die über vierzig Grad liegt. Niemand weiß, ob der arme Doktor Workman mit seinem labilen Gesundheitszustand durchhalten wird.

Im Sommer erreicht das Paar den Fuß des Gebirges, tauscht das Fahrrad gegen den Knotenstock und unternimmt seine erste große Wanderung, die von Srinagar nach Ladakh führt. Nach einer Fahrradtour auf Java kehren Fanny und ihr Mann hierher zurück: Sie sind diesem Gebirge verfallen. Das menschliche Leben erscheint ihnen im Vergleich zur extremen Natur eher enttäuschend. Von nun an wird der Himalaya das Ziel ihrer Eroberungen.

Das schlecht kartografierte und äußerst feindselige Dach der Welt ist ein eigenes Universum, das Widerstandskraft und Mut erfordert. Die Workmans werden es nicht mehr verlassen, außer um der Royal

Society of Geography ihre neuesten Entdeckungen zu präsentieren. Selbst zu Beginn des 20. Jahrhunderts allerdings zögern die ehrwürdigen britischen Geografen, einer Frau ihre Pforten zu öffnen. Und diese Frau denkt nicht im Traum daran, ihren Mann das Wort ergreifen zu lassen, auch dann nicht, als es darum geht, die von ihren Vorgängern falsch berechneten Berghöhen zu korrigieren. Ein Zeichen, dass sich die Zeiten langsam ändern: Man hört ihr zu.

Die Expeditionen der Workmans verbinden die beiden Jahrhunderte miteinander. Aus dem 20. Jahrhundert stammen die Organisation, die logistische Unterstützung, die Erfahrung professioneller Führer, das sorgfältige Fotografieren der Entdeckungen und der Sinn für Publikumswirksamkeit. Aus dem 19. Jahrhundert stammen ihr Verständnis für die Sherpas, die bislang eher als Lasttiere denn als Bergsteiger angesehen werden, eine ausschweifende Lyrik, zu der die Natur die Chronistin inspiriert, und die unbeschreiblichen Röcke, die als Decken dienen und in die sich Fanny gerne hüllt.

Ihre Erfolgsliste macht einen schwindelig; man fragt sich, wie Fanny und William während ihrer hektischen Aktivitäten auch noch die Zeit gefunden haben, ein Kind zu zeugen. 1899: drei Berggipfel,

während einer einzigen Reise bestiegen und gründlich vermessen. 1902–1903: Erforschung des vierzig Kilometer langen Chogo-Lungma-Gletschers im Karakorum, eine Expedition, die ihnen die Möglichkeit bietet, die ihrer Meinung nach falsche Landkarte des Gebiets zu korrigieren. Doch es wird sich zeigen, dass sich die Workmans und nicht ihre Vorgänger vertan haben. 1906 behaupten sie nach einer Erforschung des Nun-Kun-Gebirges fälschlicherweise, den höchsten Gipfels des Massivs, den Nun, erklommen zu haben. Der Nun wird tatsächlich zum ersten Mal von einer Frau bestiegen, allerdings erst 1953 von der Französin Claude Kogan.

Dennoch sind die vollbrachten Leistungen bewunderungswürdig – und der Katalog der Erstbesteigungen und Erstbegehungen wird immer umfangreicher: 1908 der Hispargletscher und 1911–1912 der siebzig Kilometer lange Siachengletscher. Diese Expedition wird von Experten als außergewöhnlich eingestuft. Fanny gesteht, dass sie beinahe davon Abstand genommen hätte, als sie an die tosenden Schmelzwasserflüsse dachte, die sie überqueren müssen: »Nein, ich kehre nicht dorthin zurück, habe ich mir in meinem eingeschneiten Zelt am 11. September 1911 gesagt. Doch kaum hatte ich dem Gletscher den Rücken gekehrt, gewann mein Bergsteigerstolz wieder die Oberhand. Egal, rief ich den Hindernissen entgegen. Ich muss dorthin.«

Vorhergehende Doppelseite, links:
Osthang des Hispargletschers.
Rechts: Fanny Bullock Workman. September 1910.

Gegenüber, links oben: Fanny Bullock Workman vor dem Jagannathtempel in Puri.
Darunter: Fanny Bullock Workman in ihrem Zelt am Fuß des Shafatgletschers.
Rechts: Fanny Bullock Workman in den Chamundi Hills bei Mysore, Indien.

Oben: Fanny und William Workman überqueren, begleitet von Sherpas, den Fluss Zak in Indien ***(Ice-bound Heights of the Mustagh,*** **1908).**

Ganz oben: Zum Teil mit nackten Füßen steigen die Sherpas den Sher-pi-gang-Gletscher im Karakorum hinauf.
Oben: Fanny Bullock Workman überquert einen Fluss am Rosegletscher auf dem Rücken eines Sherpas *(Two Summers in the Ice Wilds of the Eastern Karakorum,* 1917). Oben rechts: Die Workmans auf der Jhulabrücke über den Indus *(Ice-bound Heights of the Mustagh,* 1908).

Gegenüber: Fanny Bullock Workman nach dem Sturz in eine Gletscherspalte *(In the Ice World of the Himalaya,* 1900).

Diese brillante letzte Expedition ist zugleich die Gelegenheit, ein erinnerungswürdiges Bild zu inszenieren: Eine Frau hält im Schnee ein Flugblatt in der Hand, auf dem deutlich erkennbar *Wahlrecht für Frauen* steht. Dem Hut und dem Kleid nach zu urteilen, könnte man meinen, das Foto sei in Chamonix bei einem Ausflug über den Gletscher entstanden. Doch Fanny befindet sich auf einem der gefährlichsten Bergmassive der Welt und muss das Papier mit beiden Händen festhalten, damit es in dieser Höhe nicht vom Wind weggeweht wird.

Fanny Bullock Workman, Suffragette und Extrembergsteigerin, stirbt 1925 und hinterlässt einen untröstlichen, jedoch nicht klein zu kriegenden Ehemann, der sie noch dreizehn Jahre überlebt und erst im Alter von zweiundachtzig Jahren stirbt.

Gymnastik in der Gletscherspalte

»Wir hatten uns angeseilt, weil wir uns mit äußerster Vorsicht vorwärtsbewegen mussten. Die Sherpas folgten uns mit leichtem Gepäck. Die Füße wurden wegen des nassen Schnees und des sich darunter befindlichen Wassers gar nicht mehr trocken. Dieser Nachmittag auf dem Schneesee zählt sicherlich zu den größten Anstrengungen während unserer Expedition auf dem Biafogletscher. Trotz aller Vorkehrungen sanken wir bis zu den Knien im Schnee ein, unter dem sich zahlreiche Gletscherspalten befanden. Ich werde nie das Gefühl vergessen, als ich plötzlich den Grund unter den Füßen schwinden fühlte und bis über die Schultern im Schnee versank. Zubriggen sagte zu mir: ›Ziehen Sie am Seil und stoßen Sie sich mit den Füßen ab.‹ Ein guter Ratschlag, doch wie sollte ich ihn befolgen, solange meine Füße im Leeren baumelten und die Arme im Schnee versanken? Glücklicherweise gelangte ich heraus, indem ich mich einerseits festhielt und man mich andererseits hochzog. Nach dieser Gymnastik war es bereits halb fünf nachmittags. Danach begannen wir die Besteigung eines Gletscherhangs, wobei wir uns für jeden Schritt Stufen ins Eis hauen mussten, um schließlich auf fünftausend Meter Höhe anzukommen.«

Fanny Bullock Workman;
zitiert nach Dorothy Middleton:
Victorian Lady Travellers. London, 1965.

1890–1918

Zwischen zwei Welten

ROUND THE WORLD
with
NELLIE BLY.
A NOVEL AND FASCINATING GAME WITH PLENTY
OF EXCITEMENT ON LAND AND SEA.
MC LOUGHLIN BROS NEW YORK

Warum schreiben sie?

Ich reise, wie ich schreibe...

Wider Erwarten haben die Abenteurerinnen zwischen zwei Welten und der sehr kontemplative Marcel Proust die gleiche Lebensanschauung. Sie wie er sind der Überzeugung, dass »das wahre Leben, nämlich das, was endlich entdeckt und erhellt wurde, dass das einzig wahre gelebte Leben die Literatur ist!« Einige mögen mit der Humanität sympathisieren, andere eine ausgeprägte Liebe zur Natur empfinden, doch allen ist eine Passion gemeinsam, die sie leidenschaftlich kultivieren: die Passion für Bücher. Bevor Gertrude Bell, Isabelle Eberhardt und Alexandra David-Néel ihren Tatendrang ausleben, sind sie zunächst begierige Leserinnen.

“ *Es ist notwendig zu schreiben…,*

Um auf die Suche nach der eigenen Wahrheit aufzubrechen, Leiden und Einsamkeit zu überwinden, sich niemals aus den Augen zu verlieren – ihr Leitspruch für eine siegreiche Zukunft und für ein Überleben in der Fremde! –, haben die großen reisenden Frauen ihre Selbstvergewisserung zunächst in der Literatur gesucht. Als Mädchen oder junge Frauen haben sie Zuflucht in der Poesie oder in Abenteuerromanen gefunden. Sie haben sich in Träume geflüchtet und das Gefühl ihrer Andersartigkeit, ihrer Einsamkeit und ihrer Frustration mit den Chimären der Fiktion und den Zeugnissen der Fremde zugedeckt.

Alexandra David-Néel gesteht, dass sie »lange geträumt habe, ein Held Jules Vernes zu werden«, dass sie als Kind *In achtzig Tagen um die Welt, Die Stadt unter der Erde* und *Die Leiden eines Chinesen in China* begierig aufgesogen habe. Als stolze und rebellische Jugendliche habe sie Epiktet und Marc Aurel verschlungen und sich selbst geschult, ein hartes Leben zu führen und nicht zu leiden.

Philosophische Referenzen, Romanvorlagen, literarische Anspielungen: Isabelle Eberhardt reist auf den Spuren der Romane Pierre Lotis *(Der Roman eines Spahi, Aziyadeh)* in den Orient. Warum wählt sie Nordafrika? Aufgrund der Briefe, der poetischen Beschreibungen der Wüste, der lyrischen Post ihres in der Fremdenlegion dienenden Bruders.

»Oxford!«, ruft Gertrude Bell begeistert, als sie die Erlaubnis erhält, die Bodleian Library zu benutzen, die fantastischste Universitätsbibliothek der damaligen Zeit. »Könnt ihr das glauben?«, fragt sie ihre Eltern. »Hier kann ich Hunderte von Werken ausleihen!« Als Gertrude Bell in den Regalen der Bibliothek die *Märchen aus Tausendundeiner Nacht* und die Schönheit der orientalischen Sprachen entdeckt, begibt sie sich in das größte Abenteuer ihres Lebens – nach Bagdad.

Die Freude an der Literatur zieht oft eine Reise nach sich. Und manchmal ermöglicht erst die Literatur das Weggehen. Isabelle Eberhardt finanziert ihr umherschweifendes Leben mit der vorhergehenden Karriere als Schriftstellerin. Bevor sie sich in den Orient begibt, schreibt sie Novellen und bemüht sich, die Welt der Literatur zu erobern.

Alexandra David-Néel wiederum beginnt zunächst mit engagiertem Journalismus. Sie schreibt, um ihre Meinung zu vertreten, und publiziert ihren ersten Essay in Brüssel, da diese hundert Seiten so umstritten waren, dass ihn die Pariser Verlage abgelehnt hatten. Zehn Jahre später reißt man ihr ihre Bücher aus der Hand. Der Verlag Éditions Plon verdient ein Vermögen an ihrem Buch *Mein Weg durch Himmel und Höllen. Das Abenteuer meines Lebens.*

Ella Maillart hat sich dazu klar geäußert: »Ich schreibe nur, um reisen zu können«, und so finanziert sie mit den Verlagsverträgen ihre Reisen. Die Bescheidenheit großer Schriftstellerinnen! Ella Maillart, Isabelle Eberhardt, Alexandra David-Néel – man spricht vom schriftstellerischen Talent und traut sich kaum, Karen Blixen zu nennen – sind als Frauen der Literatur geboren.

»Ich schreibe, wie ich liebe, denn das ist vermutlich mein Schicksal. Und mein einziger Trost«, gesteht Isabelle Eberhardt, die dermaßen in ihre literarischen Projekte verstrickt ist, dass sie sie mit ihren Lebensplänen verwechselt.

Einige der größten Abenteurerinnen haben Meisterwerke der Literatur hinterlassen. Und die anderen? Die etwa vierhundert reisenden Frauen, die ihre Reiseerlebnisse niedergeschrieben und veröffentlicht haben? »Es ist notwendig zu schreiben«, erwidert Vita Sackville-West in *Zwölf Tage in den Bakhtiari-Bergen,* »… absolut notwendig zu schreiben, wenn man verhindern will, dass das Leben ver-

absolut notwendig zu schreiben,

wenn das Leben nicht vergeblich gewesen sein soll! ”

Vita Sackville-West

geblich war!« Für alle steht der Wunsch zu kommunizieren im Mittelpunkt der einsamen Reise. Für alle sind Abenteuer und Schreiben wesentliche und unabdingbare Bestandteile des Überlebensprozesses.

Die Vorstellung, ihr Wissen weiterzugeben, antizipiert ihre Rückkehr. Muss man sich nicht selbst retten, um Zeugnis vom Gesehenen ablegen zu können? Das Bedürfnis, von einer Erfahrung Rechenschaft abzulegen, hilft, die Schwierigkeiten zu meistern. Die Notwendigkeit, am Leben zu bleiben, ist in der Idee der Erzählung bereits verankert. Die Erzählung zu veröffentlichen bedeutet, diese Idee weiterzuverfolgen und ihren Fortbestand zu sichern. Die vielen Entdeckungen während der Reise weiterzugeben bedeutet, sich selbst unsterblich zu machen.

Doch wer erzählt von der Disziplin, dem Mut und den Anstrengungen, die es kostet, abends ins Notizheft zu schreiben? Wer erzählt, wie sehr es an der Substanz zehrt, nach anstrengenden Tagen nachts auch noch weiterzuarbeiten, wenn Führer, Dolmetscher und Gepäckträger um einen herum schlafen? Allein mit der Feder in der Hand im Schein einer brennenden Kerze zwischen Moskitos und Tausendfüßlern kämpfen sie sich auch noch durch den Dschungel der Sprache, straucheln über Sätze, bleiben an einzelnen Wörtern hängen und arbeiten daran, die Last des Tages aufs Papier zu bannen.

Die Tibeter der heiligen Stadt Lhasa, die bisher noch nie von einer abendländischen Frau betreten worden ist, wollen nicht wissen, was die altersschwache Bettlerin in ihren Bündeln trägt. Warum auch? Wie auch hätten sie ihren Inhalt erahnen sollen? Nichts unterscheidet Alexandra David-Néel von anderen Bettlerinnen, nichts verrät sie – abgetragene Lumpen und Mütze, mit Tinte gefärbte Haare, falsche Zöpfe aus Yakhaar, mit Asche geschwärzte Haut –, nichts unterscheidet sie von den anderen außer einem Stapel Papier, den sie in ihrer Umhängetasche mit sich trägt. Seitenweise vollgeschriebene Bögen, auf Englisch, auf Französisch, auf Tibetanisch.

Aus welchen Energiereserven hat sie geschöpft, um heimlich diese Bände zu produzieren? Nichts zu vergessen. Nichts auszulassen. Alles zu erzählen. Trotz der Angst, trotz der Müdigkeit und der Kälte: schreiben, schreiben, schreiben. Diese Notizen sind das Saatgut all der Werke, die von ihren Reisen in den Bergen, ihren Begegnungen mit den Einheimischen, ihrer Entdeckung des Lamaismus berichten. Mehr als zwanzig Bücher erzählen von einer geheimnisvollen, fremden Welt und von der Großartigkeit Tibets. Zwanzig Bücher, zu denen man noch Hunderte von Briefen an ihren Mann rechnen muss.

Auch wenn die Abenteurerinnen den versteckten Sinn der Welt hinter äußeren Erscheinungen und Grenzen gesucht haben, haben sie gleichzeitig auch immer versucht, noch weiter vorzudringen und mit Hilfe der Wörter neue Welten zu erschließen. Malraux folgt dieser Spur und stellt die Reisenden und den Schöpfer, der die Grenzen der Sprache überwindet, auf gleiche Höhe.

Sind also die Abenteurerinnen aus dem gleichen Holz geschnitzt wie die Poeten? Machen sie aus ihrem eigenen Leben ein Gedicht in mehreren Akten?

»Wenn man dort oben gewesen ist«, gesteht Alexandra David-Néel, »gibt es absolut nichts mehr zu sehen und zu machen. Das Leben, ein Leben wie das meine, das nur den Wunsch zu reisen zum Inhalt hatte, ist vorbei und hat sein höchstes Ziel erreicht.« »Glücklich«, fährt sie fort, »glücklich sind all die, die ihre Träume realisieren. Auch das ist ein Glücksgefühl und zwar nicht das geringste!«

Alexandra Lapierre

“ *Gegenwärtig ist sie von den Menschen genauso begeistert wie von den Landschaften.* ”

Christel Mouchard

Mit der Spitze des Sonnenschirms

Die Reisende ist selbstsicherer als ihre Vorgängerinnen und versucht erst gar nicht mehr zu demonstrieren, dass sie eine »gesittete Dame« ist. Es ist bereits erwiesen, dass man reisen kann und trotzdem Jungfrau bleibt und dass man sich gleichzeitig für die Geografie und für die Stickerei interessieren kann. Allerdings befinden sich im Gepäck der Abenteurerinnen nach 1900 immer noch Seidenstoffe, Spitzen und Korsagen. Und selbst wenn die Garderobe um eine Djellaba oder eine asiatische Tunika bereichert wird, bleibt sie doch weiblich und besitzt einen gewissen Pariser Schick – der sich jedoch eher nach der allgemeinen denn nach der tugendhaften Mode richtet.

Die Reisende ist fröhlicher, denn sie muss nichts mehr erobern. Sie trägt ihre Kultur und ihre Religion nicht mehr vor sich her und ist von den Menschen genauso begeistert wie von den Landschaften. Sie wagt es sogar, für ihre Ideen zu kämpfen, pflanzt das Fähnlein der Suffragetten auf die Gipfel des Himalayas, setzt sich für die Rechte der Aborigenes vor einer rein männlichen Versammlung ein, verteidigt sowohl mit der Spitze des Sonnenschirms wie mit der Feder die Unterdrückten und Andersartigen. Auch wenn alle oder beinahe alle, die von Kontinent zu Kontinent reisen, ihr abendländisches Erbe nicht verleugnen können und sich viele weiterhin wie Botschafterinnen ihres Vaterlandes aufspielen, ändert sich ihr Blick auf die Welt nach und nach doch. Unter den fremden Völkern finden sie Freunde und Gleichgestellte und stellen sich sogar manchmal vor, einen von ihnen zu heiraten.

Wer Lawrence von Arabien sagt, sollte auch Bell von Bagdad sagen, denn ihr Abenteuer bei den Beduinen Mesopotamiens ist tatsächlich das weibliche Gegenstück zu dem des Colonel Lawrence in Arabien. Die Gemeinsamkeiten sind frappierend: Beide waren sie fasziniert von den Herrschern der Wüste und beide haben sich Hals über Kopf in das ungebundene und harte Leben der Nomaden gestürzt. Beide waren gleichzeitig gelehrte Archäologen und Geheimagenten Ihrer Majestät.

Engländerin
1868–1926

Gertrude Bell

Bell von Bagdad

Beide nahmen als Berater an internationalen Konferenzen teil, die zum Vertrag von Sèvres führten. Beider Leben nahm ein tragisches Ende: Lawrence hatte auf einer Landstraße einen tödlichen Motorradunfall, Gertrude nahm sich 1926 auf dem Höhepunkt ihres Ruhms in Bagdad das Leben.

Dieser Ruhm war ihr 1868 in die Wiege gelegt worden. Zumindest war sie davon überzeugt, genauso wie ihr Vater, ihr erster und größter Bewunderer. Elegant, spirituell, wagemutig, geistreich – Gertrude entscheidet sich sehr früh, nicht wie die anderen zu leben. Ihre Familie bestärkt ihren hochmütigen Stolz, der glücklicherweise von ihrem ausgeprägten Sinn für Humor kompensiert wird. Sie studiert in Oxford und verlässt die Universität mit einem ersten Preis in moderner Geschichte. Doch das reicht ihr nicht. Als sie die Dreißig gerade überschritten hat und eine kurze Verlobung hinter ihr liegt, besteigt sie die Gipfel der Alpen.

Danach wendet sie sich den Wüsten zu. Je nachdem woher sie Einladungen von Diplomaten erhält, die ihrer Familie nahestehen, wohnt sie in Jerusalem, Damaskus oder Bagdad und unternimmt von dort aus immer größere Ausflüge. Bald spricht sie fließend Arabisch und verbringt ganze Tage auf dem Rücken eines Pferds oder Kamels.

Sie setzt sich über die Reiseverbote der osmanischen Autoritäten (zu jener Zeit ist der gesamte Nahe Osten noch unter der Herrschaft der Türkei) hinweg. Im März 1900 wagt sie sich mit Maultieren bis nach Moab vor, wobei ihr die Osmanen einen Führer und eine Eskorte aufzwingen. Kurz nach ihrer Rückkehr bricht sie in die Heimat der Drusen auf; dieses Mal täuscht sie eine Eskorte vor.

Ihre erste echte Expedition führt 1905 in die Wüste Syriens. Sie betrachtet es als eine Art Sport, Beduinenstämme aufzuspüren, die noch nie einen Menschen aus dem Abendland gesehen haben, womit sie die türkischen Besatzer verärgert, ihre englischen Gastgeber jedoch erfreut. Miss Bell ist in der Tat so kultiviert und intelligent, dass die englische Krone sehr an ihren Reisebeobachtungen interessiert ist und sich großen Nutzen davon verspricht. So knüpft sie Freundschaften mit ihren Nomadengastgebern: »Ich habe ihm meine Visitenkarte gegeben, und er hat mich durch alle Zelte geführt«, erzählt sie über Scheich Ibn Farhan. »Die Methode mag überraschend sein, doch sie funktioniert.« Sie strahlt eine elitäre Gewandtheit aus, die den Herrschern der Wüste zweifellos gefällt.

Auch als sie die Archäologie aufgibt, knüpft sie neue Bindungen, macht Notizen, beobachtet. Sie sammelt Informationen und Kontakte wie andere Reisende Blumen und Schmetterlinge. Eine Sammlung lebendiger Freundschaften, die sie ständig durch wechselseitigen Respekt, durch Gelehrtheit und Gewandtheit pflegt.

Sie geht jedoch nicht wie eine Ethnografin vor. Niemals hält sie mit ihren Überzeugungen hinterm Berg. Auch wenn sie den arabischen Feudalismus bewundert, arbeitet sie dennoch vor allem für das britische Kolonialreich und nebenher für die Wissenschaft. Nie engagiert sie sich für den Feminismus, sondern lehnt ihn sogar ab, da sie ihn für höhergestellte Frauen abträglich hält. Diese bedürfen ihrer Meinung nach gar nicht eines Wahlrechts, um ihre Fähigkeiten zu demonstrieren.

Als sie mit neununddreißig Jahren im Mai 1907 Kleinasien bereist, um die armenischen Kirchen zu studieren, lernt sie Charles Doughty-Wylie kennen. »Es gibt hier einen englischen Vizekonsul. Ein junger, charmanter Soldat mit einer freundlichen, kleinen Frau. Er ist der Interessantere der beiden, ein kultivierter, neugieriger und wissenshungriger Engländer der besten Sorte.« Ohne es zu merken, verliebt sich die Reisende. Einerseits ist Doughty-Wylie seiner Ehefrau treu, andererseits wird er aber von der ungewöhnlichen Frau heftig angezogen.

Eine merkwürdige Liebesgeschichte nimmt ihren Lauf. Um der Moral Genüge zu tun, treffen beide eine erstaunliche Entscheidung: »Ich werde nie Ihr Liebhaber sein, meine Teure«, schreibt Charles an Gertrude. »Zumindest nicht so, wie sich ein Mann einer Frau gegenüber gewöhnlich gibt. Doch was zwischen uns ist, sollten wir erhalten und uns daran erfreuen. Ja, wir werden sittsam und nobel sein, wie Sie es mir gesagt haben.«

Während ihrer Liaison sehen sich Gertrude und Charles höchstens zehnmal. Doch der intensive Briefwechsel verrät ihre Frustration. »So endet unsere gemeinsame Zeit«, schreibt Charles nach den kurzen Wiedersehen. »Nein, wir werden uns in Träumen und Gedanken wiedersehen. Meine teure Geliebte, wenn ich Ihnen nicht schreiben kann, dann stelle ich mir vor, sie seien mir in Ihrem Zimmer in Rounton erschienen.« Manchmal ist Gertrude Bell verzweifelt. »Ich habe den dünnen Faden zerschnitten, der uns hier hält, und bin auf eine andere Welt zugegangen. Ich kann keine Verbindung mehr eingehen, weder mit Ihnen noch mit anderen Menschen.«

Vorhergehende Doppelseite, links:
Charles Doughty-Wylie im Garten des Konsulats in Konya, Türkei. Mai 1907.
Rechts: Gertrude Bell als Studentin. Um 1888.

Gegenüber, links: Gertrude Bell und Fattuh im Juni 1907 in der Türkei.
Rechts: Gertrude Bell in Bagdad.

Oben: Während der Ausgrabungsarbeiten im März 1909 in Ukhaydir im Irak vermisst Gertrude Bell Palastmauern.

Oben: Gertrude Bell und der irakische König Faisal ibn Hussein im Jahr 1922.

Gegenüber, oben: Anlässlich einer Konferenz in Kairo im Jahr 1921 posiert Gertrude Bell zwischen Winston Churchill zu ihrer Rechten und Lawrence von Arabien zu ihrer Linken.
Darunter: Gertrude Bell im Jahr 1900.

Als sie das an Charles schreibt, befindet sie sich im Herzen Arabiens. In den ersten Tagen des Jahres 1914 dringt sie allein, nur mit ihren arabischen Führern, in die Wüste Nefud vor. Am 26. Februar erreicht sie Hail, die Hauptstadt der Rashids, die sie als vermeintliche Spionin sofort ins Gefängnis werfen – eine Anschuldigung, die, bei allem was man über Miss Bell weiß, nicht ganz von der Hand zu weisen ist. »Die Zukunft liegt in Ibn Sauds Hand«, schreibt sie prophetisch, als sie die Region verlässt.

Gertrude besitzt politisches Gespür. Selbst in den Zelten der Beduinen bleibt sie eine ehemalige Oxfordabsolventin und eine Gesandte des Außenministeriums. Der Erste Weltkrieg gibt ihr Gelegenheit, ihre wahren Talente zu entfalten, sich endgültig aus dem Heer der reisenden Exzentrikerinnen herauszuheben und sich von einer tiefen Depression zu befreien, in die sie der Tod Charles Doughty-Wylies gestürzt hat, der im April 1915 in der Dardanellenschlacht gefallen war. »Sollten Sie sterben, dann warten Sie auf mich«, schreibt sie ihm in ihrem letzten Brief. »Ich fürchte mich nicht vor dieser anderen Reise; ich komme mit Ihnen.«

Im Dezember 1915 bricht Gertrude auf Befehl David Hogarths, der für die Armee die arabischen Stämme auskundschaften soll, nach Kairo auf. Dort trifft sie einen jungen Offizier, der ihr wie ein Bruder ähnelt: Thomas Edward Lawrence. Es gilt, die osmanische Macht, die eine Allianz mit Deutschland eingegangen ist, politisch zu unterwandern. Mit dieser Aufgabe betraut, begibt sich Gertrude nach Bagdad und nutzt dort das Netz der Verbindungen, das sie während ihrer

archäologischen Reisen geknüpft hat. Sie sucht die Beduinenlager auf, entdeckt den besten Ansprechpartner, stellt Pläne vor, erklärt, argumentiert, appelliert an den Stolz, an die Freiheit der Herrscher der Wüste, verspricht Belohnungen, verhandelt. Ihr größter Erfolg ist ein Vertrag, der von dem Anführer des Stammes der Anaizah unterschrieben wird und der vorsieht, die Türken zum Vorteil Großbritanniens zu vertreiben.

Während des Waffenstillstands ist die Geheimagentin und Abenteurerin noch aktiver als zuvor. Die Politiker, die den Verfall des osmanischen Reichs vorantreiben, brauchen Berater wie Colonel Lawrence und Gertrude Bell – auch wenn sie nicht immer auf ihre Ratschläge hören. Gertrude folgt dem Beispiel von Lawrence und engagiert sich wie nie zuvor. Obwohl sie der Meinung ist, dass nur eine englische Vorherrschaft für Ruhe im Nahen Osten sorgen kann, unterstützt sie plötzlich mit Herz und Seele die Angelegenheit Faisals, des Sohns des Sharifen von Mekka, der ein autonomes Königreich für sich beansprucht. Nicht jedem gefällt die allzu sichtbare Agentin, die ganz Bagdad für ihren Protegé auf den Kopf stellt. »Sollte sich für Miss Bell eine Aufgabe in London finden lassen, wäre das eine gute Sache«, sagt Colonel Wilson, ihr Vorgesetzter in Bagdad. »Ihre unverantwortlichen Aktivitäten sind ein Quell der Sorge für mich und für die hier stationierten Offiziere eine Beleidigung.«

Doch Gertrude Bell glaubt dank einiger Freunde, die an der richtigen Stelle sitzen, mit ihrem Vorgesetzen leichtes Spiel zu haben. Schon bald wird Wilson versetzt und ein neuer Vorgesetzter, der Faisal wohl-

Oben, links: Ein im März 1901 in Mesopotamien von Gertrude Bell organisiertes Treffen zwischen Abdel Aziz ibn Saud, dem zukünftigen König von Saudi-Arabien, und dem englischen Diplomaten Sir Percy Cox.
Rechts: Gertrude Bell im April 1909 in Babylon.

Gegenüber: Thomas Edward Lawrence und Gertrude Bell in Kairo.

gesonnen ist, trifft ein. Gertrude hat mehr Einfluss als je zuvor. Im August 1921 wird Faisal im Rahmen eines von den Briten organisierten Volksbegehrens zum König des neuen Staats Irak ernannt.

»Ich werde mich nie mehr einmischen, wenn es darum geht, einen neuen König zu fabrizieren; das ist zu ermüdend«, schreibt Gertrude an ihre Familie. Doch die Politik fehlt ihr schon bald. Erschöpft von den kämpferischen Jahren und dem, was man heutzutage als Lobbyismus bezeichnet, könnte sie sich eines wohlverdienten Ruhestands erfreuen. Doch sie erträgt die Untätigkeit nicht. Noch weniger erträgt sie, dass der Mann, dem sie zur Macht verholfen hat, nun ihre Ratschläge ignoriert. Die hochmütige Einsamkeit, in die sie sich seit jeher gehüllt hat, droht sie langsam zu ersticken, genau wie der brennend heiße Sommer im Jahr 1926. »Ich weiß während dieser langen Nachmittage nichts mit mir anzufangen.« Jeder rät ihr, nach Hause zurückzukehren. Doch Gertrude kennt sich gut genug, um zu wissen, dass es dort keinen Platz mehr für sie gibt. Am 11. Juli nimmt sie eine Überdosis Schlaftabletten und wacht nicht mehr auf. Der einzige Freund, der sie noch besucht, schließt auf Selbstmord, allerdings hinterlässt sie weder einen Brief noch irgendeine Erklärung. So bleibt nur die Mutmaßung, dass Gertrude Bell den Orient nicht verlassen wollte.

Jetzt wünsche ich mir etwas anderes

»Das Abenteuer hinterlässt stets ein Gefühl der Desillusion, geht es Ihnen nicht genauso? Staub und Asche in der Hand, alte Knochenhaufen, die nie mehr tanzen werden. All das ist nichts, und man wendet sich seufzend ab und sucht nach einem neuen Horizont, um seinen Blick dorthin zu richten. Auch dieses letzte Abenteuer war nicht glücklich. Ich habe nicht getan, was ich tun wollte. Doch es bleibt nur, eine neue Seite aufzuschlagen. Es ist vorbei, und ich beschäftige mich nicht mehr damit. Jetzt wünsche ich mir etwas anderes, egal was – ich habe damit abgeschlossen.«

Brief von Gertrude Bell
an Charles Doughty-Wylie
vom März 1914;
zitiert nach Harry V. F. Winstone:
Gertrude Bell. London, 1978.

An einem Frühlingstag Ende der 1970er-Jahre findet im Archiv des Schlossmuseums von Norwich eine merkwürdige Zeremonie statt. Eine kleine Gruppe geht feierlich daran, eine alte japanische, seit 1940 verschlossene Truhe zu öffnen. Das versiegelte Objekt trägt den Hinweis: »Erst am 15. April 1978 öffnen.« Trotz der geheimnisvollen Anweisung wirken die anwesenden Herren eher gelangweilt. Sie erwarten mitnichten, einen Schatz zu finden, und sind auch in der Tat vom Inhalt der Truhe nur mäßig angetan.

Engländerin
1862–1940

Margaret Fountaine

Von Schmetterlingen und Männern

Zwölf gebundene Bände, mit gleichmäßiger Handschrift eng beschrieben und ab und zu mit Postkarten, getrockneten Blumen und Zeichnungen illustriert. Eine bescheidene Ausbeute, die zweifellos nicht das von der Verfasserin darum gesponnene Geheimnis rechtfertigt, aber ihre ganze Persönlichkeit verrät.

Margaret Fountaine war in der Tat eine ewige Jugendliche, die auch mit neunundsechzig Jahren noch Tagebuch führte, ein Fräulein, wie es sich schickt, allerdings mit einigen kleinen Fehlern behaftet, die nicht gerade dem viktorianischen Anstandsgefühl entsprachen. Äußerst sentimental verliebte sie sich immer wieder unsterblich in wenig repräsentable Männer. Stets gestand sie ohne Umschweife ihre Liebe, als Puritanerin konnte sie sich jedoch nicht vorstellen, sich hinzugeben, ohne geheiratet zu werden.

Margarets erster »Verlobter« ist ein mittelloser, stets betrunkener Ire. Sie ist damals zweiundzwanzig. Als Tochter eines Landpfarrers in der Umgebung von Norwich und einer Mutter, die auch nach acht Schwangerschaften das Haus nicht ohne Haube verlässt, unterscheidet sich Margaret von ihren Eltern vor allem darin, dass sie nie Angst hat, sich lächerlich zu machen. Daher folgt sie ihrem Iren einige Jahre lang, sogar bis nach Irland. Der junge Mann gibt schließlich seinen Widerstand auf und verspricht ihr die Ehe, löst sich dann aber zur Erleichterung der Familie in Luft auf.

Um sich zu trösten, unternimmt Margaret 1891 ihre erste Reise: »Dass ich so lange gelebt habe, ohne mir ausmalen zu können, wie schön die Erde ist«, gesteht sie ihrem Tagebuch. Als Liebende und Reisende sammelt Margaret fortan pausenlos Männer und neue Länder. Italien, Ungarn, Griechenland, Türkei, Syrien, Libanon,

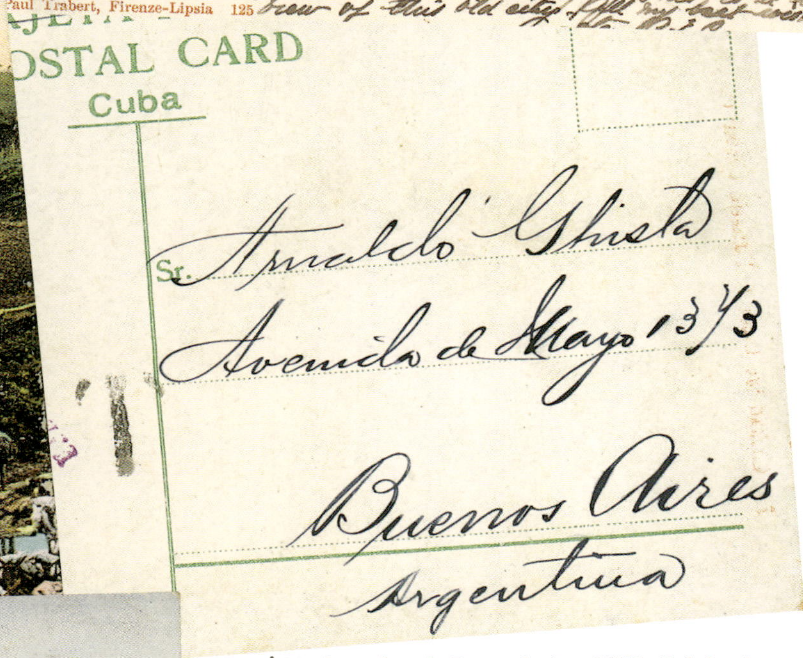

Vorhergehende Doppelseite: Alljährlich beginnt Margaret Fountaine am 15. April ein neues Tagebuch, in das sie ein Foto von sich einklebt. Die beiden Fotos entstammen den Tagebüchern.

Diese Seite: Postkarten von Jamaika, Florenz, Kuba und Athen.

Gegenüber: Tafel mit Schmetterlingen aus *Cassell's Book of European Butterflies.*

4.
1d.
1c.
3.
2a.
1a.
5.
2b.
2c.
1b.
A. B.

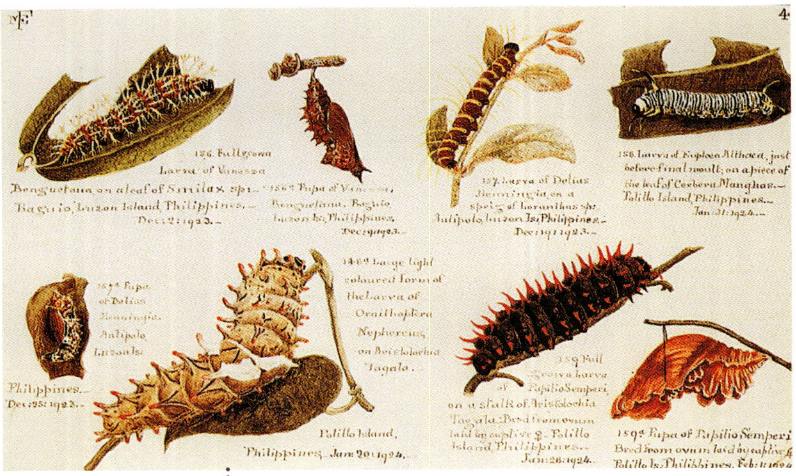

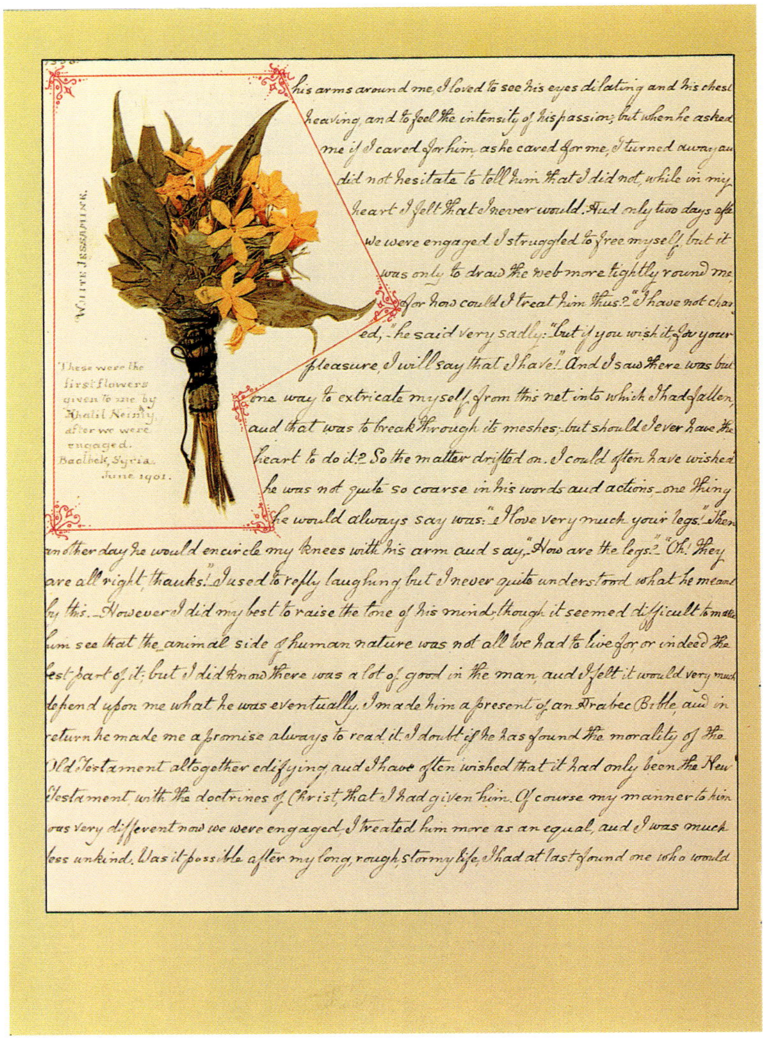

his arms around me, I loved to see his eyes dilating and his chest heaving, and to feel the intensity of his passion; but when he asked me if I cared for him, as he cared for me, I turned away and did not hesitate to tell him that I did not, while in my heart I felt that I never would. And only two days after we were engaged I struggled to free myself, but it was only to draw the web more tightly round me for how could I treat him thus? "I have not changed," he said very sadly: "but if you wish it, for your pleasure, I will say that I have!" And I saw there was but one way to extricate myself from this net into which I had fallen, and that was to break through its meshes; but should I ever have the heart to do it? So the matter drifted on. I could often have wished he was not quite so coarse in his words and actions – one thing he would always say was: "I love very much your legs." Then another day he would encircle my knees with his arm and say, "How are the legs?" "Oh! they are all right, thanks!" I used to reply laughing but I never quite understood what he meant by this. – However I did my best to raise the tone of his mind, though it seemed difficult to make him see that the animal side of human nature was not all we had to live for, or indeed the best part of it; but I did know there was a lot of good in the man, and I felt it would very much depend upon me what he was eventually. I made him a present of an Arabic Bible, and in return he made me a promise always to read it. I doubt if he has found the morality of the Old Testament altogether edifying and I have often wished that it had only been the New Testament with the doctrines of Christ, that I had given him. Of course my manner to him was very different now we were engaged, I treated him more as an equal, and I was much less unkind. Was it possible after my long, rough, stormy life, I had at last found one who would

Oben: Auszüge aus den Tagebüchern von Margaret Fountaine.

Gegenüber: Der amerikanische Entomologe Hal Newcombe und Margaret Fountaine in Palm Springs.

Südafrika, Rhodesien, Virginia, Jamaika, Indien, Tibet, Australien. Das erinnert an eine Liste von Baedeker-Reiseführern, sagt jedoch nichts über die wahren Abenteuer aus. Sie verliert im afrikanischen Busch die Orientierung, springt von einem entgleisenden Zug, gerät auf Kuba in ein Erdbeben, entkommt mehrere Male nur knapp dem Malariatod. Gleichzeitig ist sie mehr oder weniger mit einem Mediziner, danach mit einem italienischen Baron, einem ägyptischen Marineoffizier und einem ungarischen Adeligen verlobt, um nur die Vorteilhaftesten zu nennen. Sie alle haben ihr den Hof gemacht, in alle war sie verliebt, doch keiner hat ihr den Ring an den Finger gesteckt.

Glücklicherweise verfällt sie noch einer dritten Leidenschaft, dank derer sie bis heute unvergessen ist. Nach Männern und Ländern beginnt sie, auch noch Schmetterlinge zu sammeln. Ab 1894 reist sie nicht mehr ohne ihr Schmetterlingsnetz und entdeckt den *Magellanus* auf den Philippinen, den *Catagramma* in Amazonien, den *Agamemnon* in Afrika, die *Lycaenidae* in den verschiedensten Ländern. Auf diese Weise lernt sie schließlich auch einen Mann kennen, der ihre Liebe – zu den Schmetterlingen – teilt. Khalil Neimy ist Syrer, verheirateter Familienvater und führt daher Margaret ebenfalls nicht vor den Altar. Doch er ist ein verlässlicher Freund und reist siebenundzwanzig Jahre an ihrer Seite durch die Welt. In dem geliebten Tagebuch weist nichts darauf hin, dass »Freund« als Bezeichnung nicht zutreffend wäre, denn nichts lässt auf ein weitergehendes Verhältnis der beiden Schmetterlingsjäger schließen.

Die Begegnung mit Khalil Neimy

»Jener Nachmittag im Mai war schon weit vorangeschritten, als ich in Begleitung dreier junger Syrer zum Bahnhof von Damaskus zurückkehrte. Einer der Männer war kräftig gebaut und hatte blaue, runde Augen; der andere war klein, gewitzt und hatte graue Augen und ein listiges Lächeln – George und Elias Kaouam, die Eigentümer des Orient-Hotels, in dem ich für die bescheidene Summe von sechs Francs pro Tag wohnte. Der Dritte, der uns durch die Straßen von Damaskus fuhr, war schlanker und wirkte im Gegensatz zu den beiden anderen mit Pomade frisierten und wohlgenährten Männern eher etwas nachlässig und beinahe unkultiviert. Trotz seiner blonden Haare hatte er dunkle Wimpern und Augenbrauen und einen braunen Bart. Das Gesicht unter seinem Fez, den er im Gegensatz zu den beiden anderen Männern ein wenig nach hinten geschoben hatte, wirkte irgendwie kindlich. Alles, was ich dachte, als ich diesen Mann das erste Mal betrachtete, war, dass er für einen Syrer sehr blond war, aber es gefiel mir, zur Abwechslung mal einen blonden Mann kennenzulernen. Ich bemerkte auch, dass er seine grauen Augen gar nicht mehr von mir abwenden konnte.«

Margaret Fountaine: Ich sammle nicht nur Schmetterlinge. Reisen und Abenteuer einer viktorianischen Lady. Wien, 1983

Die Sammlung von Khalil und Margaret ist eine der schönsten der Welt. Als er 1928 stirbt, setzt sie ihre Reisen allein fort. Im Alter von siebzig Jahren ist sie immer noch in der Lage, siebzig Kilometer pro Tag zu reiten, nur um ein seltenes Exemplar zu fangen. Erst ein Herzversagen setzt dem ein Ende. Mit dem Schmetterlingsnetz in der Hand stirbt sie im Alter von achtundsiebzig Jahren auf der Insel Trinidad.

Was von ihr bleibt, ist zugleich sehr zart und unvergänglich: zweiundzwanzigtausend Schmetterlinge in zehn Mahagoniholzkästen, die sie dem Schlossmuseum von Norwich vermacht. Und ihr Tagebuch.

Daisy Bates war eine Hochstaplerin. Sie log, was ihre Geburt betraf, und gab vor, adelig zu sein, und sie log, als sie als Gesellschaftsdame nach Australien reiste und vorgab, mit einem Erben eines großen australischen Landguts verheiratet zu sein. Ein Punkt in ihrer Biografie ist jedoch exakt: Vierzig Jahre lang lebte sie unter Aborigines am Rand der Wüste in einem Zelt. Angesichts eines so großartigen Abenteuers ist die Geschichte ihrer Herkunft durchaus vernachlässigbar.

Irin
1863–1951

Daisy Bates
Die Frau, die ihr Leben erfand

In Wirklichkeit war sie von sehr bescheidener Herkunft, denn Spuren ihrer Kindheit finden sich in einem Waisenhaus von Dublin, und sie schloss eine Ehe mit einem Cowboy. Besser gesagt mit zwei Cowboys, denn in den Archiven finden sich zwei Hochzeitsurkunden, aber keine Unterlagen über eine Scheidung. Daisy hat wohl im Abstand von elf Monaten zwei verschiedene Männer geheiratet.

Auf jeden Fall konnte sie zu jener Zeit in Australien (sie reiste 1880 dorthin) die Beobachtung machen, dass alle Menschen bis über das Grab hinaus logen. Zumindest die Emigranten, die wegen Armut oder ihrer skandalösen Vergangenheit aus Großbritannien verjagt worden waren. Für einen Abenteurer, der ein neues Leben beginnt, ist es schließlich sehr verführerisch, das alte Leben neu zu erfinden.

Das Leben der Daisy Bates, die mit Mädchennamen O'Dwyer hieß, begann erst richtig, als sie 1905 Perth im Südwesten Australiens verließ, um die Wüstenlandschaften in Zentralaustralien zu bereisen. Während einer philanthropischen, von dem katholischen Bischof Dean Martelli organisierten Mission verliebt sie sich in die Aborigines. Es ist eine merkwürdige Begegnung zwischen dieser Emigrantin auf der Suche nach einem neuen Leben und diesem Volk, das man zu jener Zeit bestenfalls für elende Nachkommen der Steinzeitmenschen gehalten hat, schlimmstenfalls für Untermenschen, die es möglichst schnell auszurotten galt.

Daisy Bates wird dieses Volk nie mehr verlassen. Nichts hat auf diesen Schicksalswandel hingedeutet, als sie in Eucla, im Süden der riesigen Wüstenebene von Nullarbor, ein Lager aufschlägt und sich in ihrem neuen Leben einrichtet: ein einfaches Zelt, ein paar Vorräte, eine Metalldose für ihre Papiere und ein Schrankkoffer voller Kleider,

Vorhergehende Doppelseite, links:
Ein alter Aborigine bringt in der australischen Gibsonwüste seinem Sohn den Umgang mit einem Jagdspeer bei.
Rechts: Daisy Bates im Jahr 1936.

Oben: Daisy Bates in Begleitung von Gauera auf dessen Wagen in Australien.

Gegenüber: Eine Gruppe von zum Christentum konvertierten Aborigines in Broome. 1899.

Hüte, Handschuhen und Sonnenschirmen, denn sie will sich ihren Besuchern genauso zeigen, wie sie sich immer schon gegeben hat: gepflegt, kokett und rassig. Auch mit über vierzig Jahren ist sie immer noch eine Schönheit, wird aber trotzdem von ihren Aborigines-freunden *Kabbarli,* Großmutter, genannt, weil sie es sich zur Aufgabe macht, die unter Syphilis leidenden Ureinwohner zu pflegen.

Doch Daisy ist mehr als nur Krankenschwester. Sie nimmt an Festen und Zeremonien teil, lernt die Sprache und studiert die Religion. Schon bald ist sie so besessen von der Kultur der Aborigines, dass die australische Regierung ihr weitere Studien finanziert. Einige Jahre später erbitten Anthropologen aus aller Welt von ihr Informationen, die sie nicht selber sammeln wollen. Einer von ihnen, der berühmte Wissenschaftler A. R. Radcliffe-Brown, veröffentlicht unter seinem eigenen Namen einige ihrer Ergebnisse, ohne die in seinen Augen unbedeutende kleine Dame als Quelle zu nennen.

Daisy Bates bleibt sechzehn Jahre in ihrem Lager in Eucla, Jahre, die ihr langsam, aber sicher große Berühmtheit einbringen. Überall ist sie bekannt: Bei den Weißen wegen ihres Wissens und ihres Engagements, bei den Farbigen wegen ihrer medizinischen Fähigkeiten und wegen ihrer schlichten und warmherzigen Art, mit der sie die Unterschiede überbrückt. Im März 1914 wird sie zu einem wissenschaftlichen Kongress nach Adelaide eingeladen. Die Reise dorthin will sie aus eigenen Mitteln bestreiten. Mit ihren beiden Begleitern reist sie über tausend Kilometer in einem von einem Kamel gezogenen Wagen. In ihrem Gepäck befindet sich ein blaues Seidenkleid, seidene

Croup des fêmmes aborigines converties
à Broome, Ouest Australie.

Oben: Aboriginesstamm am Waysee. 1900.

Gegenüber, oben: Daisy Bates umgeben von Aboriginesfrauen. Darunter: Aboriginesmänner.

Folgende Doppelseite: Der Zug der britisch-königlichen Eisenbahngesellschaft, in dem der Herzog von Gloucester während seiner Australienreise am 14. November 1934 die Ebene von Nullarbor durchquerte.

Unterwäsche und ein von Stiefmütterchen gekrönter Hut, den sie tragen wird, um vor dem Auditorium den nahen Tod jener anzukündigen, die sie von nun an »mein Volk« nennt.

1919 wechselt sie den Standort ihres Lagers. Dasselbe Zelt und derselbe Schrankkoffer voller Kleider werden in Ooldea neben der Transaustralischen Eisenbahnlinie aufgebaut, in einer der Ebene von Nullarbor ähnlichen Landschaft am Ende der Welt: Sanddünen, Geisterstädte und ein paar ins Nichts gepflanzte Bahnhöfe. Jahre können vergehen, ohne dass dort auch nur ein Tropfen Regen fällt.

In dieser Gegend leben so wenig Weiße, dass Daisy bald neben der Stellung der Krankenschwester und offiziellen Anthropologin auch die des Friedensrichters einnimmt. Die verschiedenen Funktionen ändern jedoch nichts an ihrem Alltag, dessen Rhythmus von der Krankenpflege, der Familienhilfe und den Besuchern (Journalisten,

Goldsucher, Funktionäre) bestimmt wird. Sie hat die Siebzig überschritten, als sie 1934 mit einem Orden des britischen Königreichs dekoriert und von Canberra als Beraterin für die Belange der Aborigines eingesetzt wird. Nach einem langen Aufenthalt in Adelaide anlässlich des Erscheinens ihres Buchs *The Passing of the Aborigines* kehrt sie in ihr Lager nach Ooldea zurück und verlässt es erst 1945 aus gesundheitlichen Gründen wieder. 1948 sucht sie ein beharrlicher Journalist in einem kleinen Bungalow in Adelaide auf, nachdem man ihm auf seine ersten Nachfragen geantwortet hatte, sie sei schon lange tot. Sie empfängt ihn in demselben Kleid, das sie schon 1905 getragen hatte. Im Jahr 1951 stirbt sie im Alter von achtundachtzig Jahren, zumindest wenn man der Inschrift auf ihrem Grab glauben darf. Einige Monate später werden die letzten Aborigines aus der Wüste von Nullarbor evakuiert, um diese für Atomversuche nutzen zu können.

Wie Abfall weggeworfen

»Wissen Sie, was entlang der Eisenbahnlinie passiert? Wissen Sie, dass zehnjährige oder noch jüngere Mädchen von weißen Banden gekidnappt, vergewaltigt, misshandelt und dann wie Abfall weggeworfen werden? Wissen Sie, wie schnell sich Syphilis in einem Körper ausbreitet und ihn zerfrisst? Ich habe so viele junge Leute nackt und vor Gesundheit strotzend aus der Wüste kommen sehen und sie schon kurz danach beerdigen müssen [...]. Wenn Sie entlang der Eisenbahnlinie leben würden, wüssten Sie, wie gefährlich diese gewissenlosen Weißen sind, und ich bin sicher, dass Sie genauso entsetzt von ihrer Niedertracht und Gewalt wären wie ich. Ich bin glücklich, dass Sie mich eingeladen haben, denn diese Geste schenkt mir wieder Vertrauen in die Gerechtigkeit des britischen Empire, ein Vertrauen, das in letzter Zeit etwas gelitten hat. Jetzt wird »Kabbarli« über ihr Volk wachen können wie ein Schäfer über seine Herde und wird den einen, wenn sie so weit sind und es wünschen, die Pforten der großen Stadt öffnen, wo die Züge der Eisenbahngesellschaft hinfahren, während die anderen frei sein werden, dort zu bleiben, wo sie sind.«

Daisy Bates 1914 vor einem wissenschaftlichen Kongress in Adelaide; zitiert nach Julia Blackburn: Daisy Bates in der Wüste. Eine Frau bei den Aborigines. Berlin, 1999.

Die berühmteste Reise Nellie Blys wirkt wie ein Scherz. 1889 wettet sie, besser zu sein als Phileas Fogg. Selbst das für diese Unternehmung bestellte Kostüm wirkt wie eine Verkleidung: ein bodenlanger, karierter Mantel, eine kleine lederne Tasche und ein Regenschirm. Miss Bly will die Karikatur der Karikatur des Engländers sein, den der sehr französische Jules Verne zum Helden seines Romans erkoren hat. Aber es ist ein wenig bedauerlich, dass dieser Scherz so sehr ihr Bild geprägt hat.

Amerikanerin
1864–1922

Nellie Bly

Die Reise um die Welt in zweiundsiebzig Tagen

Denn Nellie war mehr als die hübsche, auf einer Mondsichel sitzende Amerikanerin (natürlich als Amazone), als die sie sich auf ihren populären »Reisekarten« abbilden ließ.

Mit achtzehn beginnt sie ihre Karriere. Als Antwort auf einen Leitartikel, den sie als frauenfeindlich kritisiert, schickt sie an den *Pittsburgh Dispatch* eine mit »die einsame Waise« unterschriebene Kolumne. Auch wenn das Fräulein seit dem Tod ihres Vaters tatsächlich (Halb-)Waise ist, so ist sie doch mitnichten einsam. Die junge Elizabeth Cochran – so ihr richtiger Name –, die aufgrund ihrer Vorliebe für rosa Kleider den Spitznamen »Pink« trägt, besitzt eine Mutter, einen Stiefvater, den sie hasst, und zahlreiche Brüder und Schwestern, um deren Erziehung sie sich kümmert.

Der Herausgeber des *Pittsburgh Dispatch* gibt eine Annonce auf, um die einsame Waise mit dem Händchen für den Journalismus zu finden. Und er findet sie. Unter dem Pseudonym Nellie Bly, dem Titel eines Chansons aus jener Zeit, wird sie Korrespondentin und spezialisiert sich schnell auf gesellschaftlich relevante Themen. Sie beschreibt die Lebensumstände arbeitender Frauen und von Fabrikarbeitern sowie die Konsequenzen des Ehegesetzes auf die Position der Frau. Bis die Arbeitgeber der so beschriebenen werktätigen Frauen dem *Pittsburgh Dispatch* ihre Anzeigen entziehen. Nellie bekommt sofort weniger gefährliche Rubriken zugewiesen: Garten, Küche, Mode.

Doch sie schreibt nicht lange über diese Themen. Sie kündigt und reist nach Mexiko, um von dort über Korruption und Armut zu berichten, und wird deshalb von der mexikanischen Regierung des Landes verwiesen. Doch sie findet, es sei unmöglich, nach Pittsburgh zurückzukehren, und reist daher nach New York. Und da sie ihren

Vorhergehende Doppelseite, links:
Arbeiter von General Electric in Schenectady, New York, 1904.
Rechts: Nellie Bly in ihrem Reisekostüm. 1888.

Oben, links: Holzstich, der ein Heim für geistesgestörte Frauen auf Blackwell's Island in New York zeigt. 1898.
Rechts: Nellie Bly im Jahr 1900.

Gegenüber, oben: Amerikanischer Schnellzug im Jahr 1853.
Darunter: Postkarte von Port Said, Ägypten.

Fähigkeiten vertraut, strebt sie eine Stelle bei der *New York World* an, der berühmten Zeitung Joseph Pulitzers – und wird zum Vorstellungsgespräch gebeten.

Ihre erste Recherche über ein Heim für geistesgestörte Frauen bringt ihr die Wertschätzung der Redaktion ein. Pulitzer schätzt den Journalismus, der die Herausgeber in Pittsburgh ängstigt, und erkennt, welches Potential in dieser Frau mit dem mutigen Blick steckt. Daher wird sie, kaum hat sie sich entrüstet, dass einem Mann das Projekt »Phileas Fogg« anvertraut wird, damit beauftragt, »selbst die Wette anzunehmen«. Sie soll es besser machen als der Held von Jules Verne.

Sie bricht am 14. November 1889 auf, steigt ohne größere Komplikationen vom Schiff in den Zug und vom Bus in die Rikscha um und ist hauptsächlich mit Fahrplänen und Reservierungen beschäftigt – eine damals wie heute undankbare, aber für ein Abenteuer zweifellos notwendige Aufgabe.

Wenn sie nicht gerade vom Bahnhof zum Hafen eilt oder umgekehrt, schreibt die Journalistin für ihre Leser eine Kolumne, die täglich in der *New York World* abgedruckt wird, geschmückt mit pittoresken Episoden, die sich alle mehr oder weniger um die Transportmittel drehen. Nellies Welt ist die Welt der Passagiere, jener Nomaden zwischen zwei Städten oder zwei Kontinenten, mit geöffneten Überseekoffern, den Ärgernissen des Reisens und in ständiger Erwartung, irgendwo anzukommen. Doch das Auge der Reporterin ist so wach und ihre Feder so geschwind, dass aus dem täglichen Bericht schnell eine Kolumne

wird, auf die alle New Yorker schon gespannt warten. Und so wird die amerikanische Kopie des Phileas Fogg, als sie zweiundsiebzig Tage, elf Minuten und sieben Sekunden nach ihrer Abreise wieder den Boden Manhattans betritt, mit einem Feuerwerk, einer Parade und Fanfaren empfangen.

Nellie hat erreicht, was sie wollte. Der jetzt gewonnene Bekanntheitsgrad erlaubt ihr, von nun an frei über das zu schreiben, was ihr am Herzen liegt: Korruption, die Lebensbedingungen der Kindsmütter oder der Arbeiter. Noch bevor sich Jack London als Landstreicher verkleidet, überlegt sie, sich als Dienstmädchen einstellen zu lassen, um das Leben der Hausangestellten besser beschreiben zu können.

Nellies Mut endet längst nicht an der Spitze ihrer Feder. Nach einer zehnjährigen Ehe mit einem Industriellen und Millionär ist sie plötzlich Witwe und Eigentümerin einer riesigen Blechfabrik. Sie könnte sich auf ihrem Vermögen ausruhen, stattdessen reformiert sie ihre Fabrik: Abschaffung der Arbeit im Stücklohn, Errichtung einer Unterkunft für die Arbeiter, eines Angel- und Jagdclubs, einer Bibliothek und anderer sozialer Einrichtungen. Doch Nellies Begabung liegt eher im Journalismus als in der Betriebsführung. Schnell ist sie ruiniert und flieht vor ihren Gläubigern nach England. Dort bekommt sie den Ausbruch des Ersten Weltkriegs aus erster Hand mit. So findet

Oben: Nellie Bly auf »Reisekarten« mit Werbung für Zigarren – und Verstopfung.

Gegenüber: Porträtfoto der jungen Nellie Bly.

sie zu ihrem ursprünglichen Beruf zurück und wird Kriegsberichterstatterin, was sie bis 1919 ernährt. Dann kehrt sie nach New York zurück, wo sie den größten Teil der Artikel, die sie für das *New York Evening Journal* schreibt, verwahrlosten Kindern widmet. Am 27. Januar 1922 stirbt sie im Alter von nur achtundfünfzig Jahren an einer Lungenentzündung und wird nach ihrem Tod von der amerikanischen Presse als eine der herausragenden Figuren des Journalismus gefeiert.

... und ein Flakon Kühlcreme

»Nach meiner Rückkehr wurde ich häufig gefragt, was ich in meiner einzigen Reisetasche an Kleidung zum Wechseln dabei hatte. Einige stellten sich vor, dass ich nur ein einziges Kostüm besaß, andere dachten, ich besäße nur Seidenwäsche, weil diese wenig Platz einnimmt, wieder andere waren der Ansicht, dass ich mir bei jedem Stopp das Notwendigste kaufte. Dabei hat solch eine Reisetasche ein gewaltiges Fassungsvermögen, wenn man die Sachen so platzsparend wie möglich packt. Ich schaffte es, in meine Reisetasche zwei Schirmmützen, drei Kopftücher, ein Paar Pantoffeln, ein komplettes Reisenecessaire, ein Tintenfass, Federn, Bleistifte, Papier, Haarnadeln, Nähzeug, ein Negligé, eine Tennisjacke, einen Flachmann und einen Becher, Unterwäsche, einen Vorrat an Taschentüchern und Haarbändern zu packen und vor allem das sperrigste, aber wichtigste Reiseutensil – einen Flakon mit Kühlcreme, um meinen Teint vor den unterschiedlichsten klimatischen Bedingungen zu schützen, mit denen ich konfrontiert werde. Dieser Flakon war meine Crux. Er schien mehr Platz einzunehmen als der ganze Rest und kam immer so zu liegen, dass die Tasche nicht zu schließen war. Außer meiner Tasche trug ich einen seidenen Regenmantel über dem Arm, mein einziger Schutz gegen Regen. Die Erfahrung hat mir jedoch gezeigt, dass ich meist zu viel und nicht zu wenig Sachen dabeihatte. Ansonsten fand ich alles, was ich brauchte, in den Häfen, die ich besuchte, mit Ausnahme von Aden, wo es keine nennenswerten Geschäfte gab.«

Nellie Bly: Around the World in Seventy-Two Days. New York, 1890.

Viele Abenteurerinnen verließen einen geschützten Kokon, für Isabelle Eberhardt gilt das genaue Gegenteil. Sie ist scheinbar dem Nirgendwo entsprungen und hat immer versucht, ihre verschiedenen Identitäten an einem einzigen Ort zusammenzuführen. Als sie diesen Ort gefunden hat, ist sie dort ertrunken. Aufgrund ihrer vielen Identitäten besaß Isabelle bei der Geburt nicht einmal einen Familiennamen, sondern trug den ihrer Mutter, was 1877 das Gleiche bedeutete, wie keinen zu besitzen.

Russisch-Schweizerin

1877–1904

Isabelle Eberhardt

In der Wüste ertrunken

Sie ist die Tochter einer Deutschrussin, die mit einem russischen Adeligen verheiratet war und nach dessen Tod von dem Hauslehrer ihrer Kinder 1877 die Tochter Isabelle bekam. Sie wird in Genf geboren und vom Vater erzogen, einem gebildeten, anarchistischen ehemaligen Priester, der sich zwar weigert, sie als Tochter anzuerkennen, sie jedoch nach unkonventionellen Prinzipien sehr tyrannisch, aber äußerst umsichtig erzieht. Mit den Jahren ähnelt das Familienidyll mehr und mehr einem Gefängnis, und so entziehen sich ihm alle Kinder nach und nach, sei es durch Flucht oder durch Selbstmord.

Isabelle gehört zu denen, die fliehen. Ihre ersten Fluchten tritt sie in Briefen an. Zwischen ihrem siebzehnten und zwanzigsten Lebensjahr führt sie mit Personen, die sie kennt, einen intensiven Briefwechsel, darunter ihrem Halbbruder in der Fremdenlegion, und mit Personen, die sie nicht kennt, zum Beispiel einem jungen französischen, im Süden Algeriens stationierten Offizier, dessen Adresse sie in einer Annonce gefunden hat. Diese Fluchten aber helfen dem Mädchen nicht auf der Suche nach ihrer Identität. Ihr Vater hatte sie ermutigt, sich als Mann zu kleiden, und so unterschreibt sie die Briefe mit mal femininen, mal maskulinen Pseudonymen.

Sie muss erst das Mittelmeer überqueren, um die ersten Teile von sich selbst zusammenzufügen. Die Reise war lange vorbereitet und so eher Endpunkt einer Entwicklung als spontaner Impuls. Die arabische Welt wird ihr zunächst durch ihren Vater nahegebracht, der arabisch spricht und schreibt, später dann von einem türkischen Freund ihrer Brüder, der sie in den Islam einführt. Ferner antwortet die junge Frau unter dem Pseudonym Nicolas Podorowski auf die Annonce eines arabischen, in Paris lebenden Professors und zieht begierig Lehren aus sei-

nen Briefen. Schließlich überzeugt sie 1897, mit zwanzig, ihre Mutter, die Einladung eines Freunds, der sich im algerischen Bône (heute Annaba) niedergelassen hat, annehmen zu dürfen. Noch bevor sie einen Fuß auf das Schiff gesetzt hat, weiß sie, dass ihre wahre Bestimmung dort unten im Schatten der Moscheen liegt.

Es dauert nur wenige Wochen, bis sie das europäische Haus des Freunds verlässt, sich in einer arabischen Stadt niederlässt, zum Islam konvertiert und ihre Mutter überredet, es ihr gleich zu tun. Sie tauscht die europäische Kleidung gegen ein arabisches Reitergewand, und als ihre Mutter sechs Monate später an Herzversagen stirbt, lässt sie deren arabischen Namen in den Grabstein meißeln: Fatima Manubia. Isabelle lernt die Depression kennen, die ihr bald schon eine alte Bekannte wird, und mit ihr den Alkohol. Die nach außen sichtbar in Trauer verfangene Persönlichkeit wird im Lauf der Jahre ihre wahre Identität, die alle anderen ersetzt: In einen langen weißen Burnus gekleidet und mit kurzen Haaren streift sie durch die Elendsquartiere und sitzt stundenlang in schattigen Cafés, um Haschisch zu rauchen und um über Theologie und Poesie zu reden.

Diese Rolle trägt Isabelle immer weiter fort, bis tief nach Algerien und in die Sahara hinein. Dabei steht sie ohne jegliche Provokation immer mehr zu ihrer Zwitterhaftigkeit, was die Konservativeren in ihrer Umgebung nicht verstehen. Zu ihrem Glück kreuzt der »große, junge, androgyne Mann« auch die Wege einiger Männer und Frauen, die erkennen, dass die Verkleidung und das selbstmörderische Benehmen großen Gedankenreichtum und eine Sensibilität verber-

gen, die weit über den orientalischen Firlefanz hinausgehen, den sie nach außen zur Schau trägt. Dazu gehören vor allem der in Algerien lebende Schriftsteller Victor Barrucand, die für ihre Gelehrtheit und für ihren Mut bekannte Journalistin Lydia Paschkoff und später auch noch General Hubert Lyautey. Zweifellos ist es Isabelles großes Drama, dass selbst die gebildetsten Freunde eher von ihrer Persönlichkeit als von ihren Schriften angezogen werden. »Verbringen Sie ein Jahr in Paris«, schreibt ihr Lydia Paschkoff, »und zeigen Sie sich, egal wo Sie hingehen, in eleganter orientalischer Kleidung.« Aber Isabelle möchte vor allem Schriftstellerin sein.

Das ganze Jahr 1900 über versucht sie sich an kurzen, halb fiktionalen, halb realen Reiseberichten, die zu ihren schönsten Werken gehören. Sie nennt sich Si Mahmud und wird zur Nomadin: El Oued, Batna, Marseille, Genf (wo sie vergeblich hofft, an das Geld aus dem Verkauf des Hauses ihrer Mutter zu kommen), Sardinien und schließlich wieder El Oued.

Trotz Geldmangels und Malariaschüben überlegt Isabelle, den Rest ihres Lebens im Süden Algeriens zu verbringen. Doch eine Begegnung ändert ihre Pläne. Sie verliebt sich in Slimène Mehnni, einen Leutnant der algerischen Hilfstruppen, und sorgt für einen Skandal, da sie ihm hartnäckig folgt, sich mit ihm zeigt und sich von ihm in die religiöse Gemeinschaft der Kadriya einführen lässt, wo sie die Sufitechniken mystischer Ekstase erlernt. Der Skandal weitet sich aus, als sie nur knapp einem Mordanschlag entgeht, der vermutlich von einer mit den Kadriya rivalisierenden Gemeinschaft verübt wurde. Am

Vorhergehende Doppelseite, links:
Postkarte der Uferpromenade von Bône (heute Annaba) in Algerien.
Rechts: Isabelle Eberhardt im Alter von siebzehn Jahren.

Gegenüber, oben: Postkarte von Biskra, Algerien.
Ganz links: Isabelle Eberhardt im Alter von achtzehn Jahren.
Links: Ein maurisches Café in Algerien.

Oben: Postkarte von der algerischen Sahara.

Oben: Postkarte von Ténès.

Gegenüber, oben: Suche nach Opfern der Überschwemmungskatastrophe von Ain Sefra im Jahr 1904, bei der Isabelle Eberhardt ertrinkt. Darunter: Ihr Grab. Auf dieser Postkarte wird ihr Tod auf den 11. Oktober 1904 datiert.

29. Januar 1901 wird die junge Frau von der französischen Regierung des Landes verwiesen und muss sich von Slimène trennen. Für sie handelt es sich um ein Exil, da sie sich selbst für eine Algerierin hält. In Marseille gibt sie keine Ruhe, bis ihre Ehe mit Mehnni akzeptiert wird, denn sie versteht nicht, warum sie als Mohammedanerin und trotz ihrer profranzösischen Einstellung noch länger von dem Mann getrennt sein soll, den sie liebt und der Mitglied der französischen Armee ist. Ihre Beharrlichkeit und ihre Verbindungen führen schließlich ans Ziel. Am 17. Oktober 1901 heiratet sie ihren Leutnant und hilft ihm, ein Examen als Dolmetscher für die Armee abzulegen, um zu akzeptablen finanziellen Bedingungen einen Posten in Algerien zu bekommen. Zu Beginn des Jahres 1902 lebt das Paar in Ténès, etwa zweihundert Kilometer von Algier entfernt. Doch Isabelle langweilt sich bereits; das Leben als Offiziersgattin befriedigt sie nicht. Bald schon vernichtet sie die blaue Bluse, die sie zunächst bereit war, als kleines Zeichen eines gewissen Respekts gegenüber der kolonialen Gesellschaft zu tragen. Erneut zieht sie ihren Burnus an und streift durch die dubiosen Viertel der arabischen Stadt, um mit Gelegenheitsbekanntschaften Absinth zu trinken und zu rauchen.

Kurz darauf beginnt sie, für die Zeitung *Akhbar* zu arbeiten. Der Skandal bekommt neue Nahrung. Die Franzosen in Algerien können diese zwitterhafte, zwischen zwei Welten lebende Person schwer ertragen. Schon bald wird in einer Konkurrenzzeitung des *Akhbar* behauptet, dass sie die lokale Bevölkerung aufstachele (später wird sie von den Algeriern beschuldigt, als Spionin für die französische Armee ge-

arbeitet zu haben). Slimène ist gezwungen, seine Demission einzureichen. Wieder bedarf es der Fürsprache von Isabelles Freunden, damit man sie in Ruhe leben lässt, dieses Mal von Freunden in sehr hohen Ämtern. Im September 1903 hat die Journalistin General Lyautey kennengelernt, einen Befürworter der sanften Kolonisation, der um Verständnis für die Bevölkerung wirbt und gegen ein Einschreiten der Armee ist. Zusammen mit ihm träumt Isabelle von einer multikulturellen Welt, und Lyautey erliegt dem Charme dieser merkwürdigen Person, die einer Ehe von Orient und Okzident entsprungen zu sein scheint, aber nicht mit sich selbst im Reinen ist.

Die junge Frau gibt den Kampf gegen die Dämonen auf, die sie heimsuchen – Alkohol, Haschisch, Syphilis. Wahrscheinlich wäre Isabelle Eberhardt kaum älter als dreißig Jahre geworden, auch wenn sie bei dem Hochwasser, das am 21. Oktober 1904 die Stadt Ain Sefra zerstört, nicht ertrunken wäre. Einige sagen, es sei – genau wie bei Rimbaud – ihr Schicksal gewesen, für immer jung zu bleiben. Der Verlust ist umso schmerzlicher, wenn man ihre letzten, im Süden Algeriens geschriebenen Texte liest, die von Victor Barrucand aus den Schlammmassen des Hochwassers gerettet und erst nach ihrem Tode veröffentlicht wurden: »Die letzten Tage glitten monoton dahin. Algier schlief unter einem bedrückend wolkenlosen Himmel. Die menschenleeren Straßen schienen breiter, und blaue Fliegenschwärme schwirrten im kurzen Schatten der Häuser umher.«

Schade, dass diese siebenundzwanzigjährige Schriftstellerin ihre Reise nicht fortsetzen konnte.

Die Hermaphrodite

»Sie trank zu viel. Das war das Einzige, was mit ihrem tiefen muslimischen Glauben unvereinbar war. Ja, sie war zutiefst religiös. Aus dem Stoff der Mystikerinnen und Märtyrerinnen […]. Sie lebte als Mann oder als Knabe, denn sie war schon von ihrer Physiognomie her eher ein Junge denn ein Mädchen. Sie glich einem Zwitter, sie war leidenschaftlich und sinnlich, aber nicht wie eine Frau. Ihre Brust war absolut flach. Sie pflegte ihre kleinen Eitelkeiten, doch die hatten eher etwas von einem eleganten Araber; ihre hübschen Hände waren stets mit Henna bemalt; ihr Burnus stets blütenrein, und wenn sie das Geld hatte, parfümierte sie sich mit dem schweren Duft, den die Araber so schätzen […]. Zu gewissen Zeiten verbrachte sie ganze Tage in den Souks; wenn sie einen Mann sah, den sie begehrte, nahm sie ihn sich. Sie gab ihm ein Zeichen, um dann gemeinsam mit ihm zu verschwinden. Doch sie war nie scheinheilig oder versuchte, ihre Abenteuer zu verstecken. Warum auch? Sie waren Teil ihrer Persönlichkeit. Ich glaube, dass sie tiefe religiöse Ekstasen erlebte, die sie allerdings verheimlichte.«

Bericht eines Augenzeugen ihres Lebens in Ténès; zitiert nach Isabelle Eberhardt: Briefe, Tagebuchblätter, Prosa. Basel, 2002.

Einige Abenteuer werden erst durch das Aufeinandertreffen zweier Hälften zu einem Ganzen. Zum Beispiel die Kreuzfahrt der Snark. Die erste Hälfte des Ganzen ist Jack London. Im Jahr 1900 ist der vierundzwanzigjährige Abenteuerschriftsteller bereits berühmt. Er hat Erfolg auf ganzer Linie, doch zu jenem Zeitpunkt hat er selbst das Gefühl, noch nicht vollständig zu sein. In ihm brodelt es, er sucht die Tat, die Exaltiertheit, gibt mehr Geld aus, als er verdient, trinkt mehr, als ihm gut tut, und prügelt sich mit Begeisterung.

Amerikanerin
1871–1955

Charmian Kittredge

Warum warten, bis das Haus gebaut ist?

Elizabeth London wirkt etwas altmodisch. Sie lässt sich von ihrer Mutterrolle und einem gesellschaftlichen Umfeld einengen, das dem Giganten mit dem kindlichen Blick, den sie geheiratet hat, bei weitem zu steif erscheint.

Die zweite Hälfte des Ganzen ist Charmian Kittredge. Mit neunundzwanzig ist sie im Gegensatz zu Bess weit davon entfernt, sich von irgendetwas einengen zu lassen. Nach ihrer Geburt 1871 wird sie von ihrer Tante erzogen, einer intelligenten Frau, einer Sozialistin, Feministin und Vegetarierin, die die freie Liebe propagiert. Charmian ist das gelungene Beispiel einer unkonventionellen Erziehung.

Mitte der 1880er-Jahre schwimmt und reitet sie und spielt Orgel. Sie liebt es, aus vollem Hals zu singen und in Hosen zu reiten. Vor allem prahlt sie damit, einen echten Beruf auszuüben. Sie hat ihr Studium selbst finanziert, indem sie dank der von ihrer Tante gelernten Stenografie- und Schreibmaschinenkenntnisse das Sekretariat der Eigentümer der Mills Academy leitet. Sie ist bei einem Reeder in San Francisco angestellt und reitet stolz auf dem Pferd, das sie sich mit neunzehn Jahren selbst gekauft hat. Schon bald schreibt sie erste Artikel, darunter eine schwärmerische Kritik des Romans *Wolfsblut,* den ein gewisser Jack London geschrieben hat. Der Abenteuerschriftsteller und die Frau, die vor nichts Angst hat, entwickeln langsam tiefe Gefühle füreinander, und eine geheime Liebschaft entbrennt ...

An einem Sommertag im Jahr 1905 träumt Jack London an der Seite Charmians, die inzwischen seine zweite Ehefrau geworden ist: »Stell dir vor, wir heiraten, bauen uns ein Haus und danach fahren wir in einem Boot um die Welt.« »Warum sollen wir warten, bis das

Vorhergehende Doppelseite, links:
Charmian Kittredge und Jack London auf der Veranda ihres Hauses in den Vereinigten Staaten. 1. Januar 1900.
Rechts: Porträtaufnahme von Charmian Kittredge.

Ganz oben, links: Junge Frau auf Hawaii mit traditionellem Blumenschmuck. Honolulu, 1920.
Ganz oben, rechts: Melanesische Boote.
Oben: Die Bucht von Tulagi auf den Salomoninseln.

Gegenüber: Charmian Kittredge im Jahr 1922.

Haus gebaut ist?«, erwidert Charmian. »Lass uns sofort losfahren.« So entsteht die *Snark,* ein hübsches, vierzehn Meter langes Segelboot, dessen Bau immer dann voranschreitet, wenn Jack Geld für seine Bücher bekommt. Deshalb können sie erst 1907 in See stechen. Der Begriff »Kreuzfahrt«, mit dem Jack London die Überquerung des Pazifiks betitelt, ist irreführend. Er und Charmian visieren zwar durchaus eine Kreuzfahrt an, als sie Kurs nach Westen nehmen, doch schon in der ersten Woche kommt es völlig anders. Die *Snark* wird von einem Frachter im Hafen von San Francisco beschädigt und schlägt leck, so dass das Wasser die Maschinen und die Vorräte an Bord beschädigt. Es bedarf eines langen Aufenthalts auf Honolulu, um die Reise neu zu organisieren, eine Mannschaft anzuwerben und das Schiff wieder seetüchtig zu machen. Schließlich sticht die *Snark* erneut in See. Nach sechzigtägiger Überfahrt ohne Zwischenstopp beginnt eine unendliche Irrfahrt zwischen den Archipelen von Polynesien und Melanesien, die das Paar schließlich bis nach Australien führt – ein tragikomisches Schiffsabenteuer voller Begegnungen und ausgefüllt mit schriftstellerischer Tätigkeit.

In jener Zeit haben die Inseln des Pazifiks noch nichts mit dem touristischen Klischee gemein, das sich später an ihre Namen heftet: Marquise, Tahiti, Bora Bora, Pago Pago, Samoa, Guadalcanal... Sicher gibt es Kokospalmen und einheimische Mädchen bei der Begrüßung, aber auch Fiebererkrankungen, nicht heilende Geschwüre, Havarien, die mit Bordmitteln repariert werden müssen, und völlige Isolation. Trotz vieler Tropenkrankheiten gelingt es Jack und Charmian, aus je-

- 1922 -

dem Zwischenstopp das Beste zu machen. Kaum etwas entgeht dem Auge des Schriftstellers, der in seiner stickigen Kabine auf der *Snark* eifrig vor sich hin kritzelt und Charmian, der ehemaligen Stenotypistin, einige seiner besten Novellen diktiert.

Ihre Neugier ist so unersättlich, dass sie nicht einmal den Vorschlag eines gewissen Kapitän Jansen ablehnen, ihn unter dem Deckmantel, freie Arbeiter rekrutieren zu wollen, auf eine Sklavenjagd zu begleiten, wie sie damals auf den Salomoninseln noch durchaus üblich waren.

In diesen Breitengraden ist der Pazifik unberechenbar und tödlich. Einige Monate zuvor war der Vorgänger Jansens auf der Insel Mala von Kannibalen getötet worden. Charmian beschreibt den Ort folgendermaßen: »Die vor Menschen und der Natur geschützten, aus Korallenblöcken gemauerten, dem Meer trotzenden Zitadellen mit ihren unüberwindbaren Mauern sind merkwürdig und schön. Ihre geraden Mauern werden von den überhängenden Strohdächern und den Rundungen der Kokosnusspalmen unterbrochen.

Die Öffnungen für die Ankömmlinge in den Pirogen sind schmal, von Farn umgeben und so schroff, das sie beinahe unzugänglich sind, als seien sie mit Axthieben in die dicken Mauern gehauen.« Die beiden Abenteurer fragen sich, ob hier das Ende gekommen ist. Eine Windbö hat das Schiff von Kapitän Jansen auf ein Riff auflaufen lassen, und sofort tauchen von überall her Pirogen auf. Die bewaffneten Männer warten geduldig auf das Ende des Desasters, um sich auf das Wrack zu stürzen. Jack und Charmian suchen ihre Sachen zusammen,

Gegenüber, oben: Am 15. August 1907 verlässt die *Snark* Honolulu auf der Insel Oahu und nimmt Kurs auf die Insel Hawaii.
Links: Charmian Kittredge in ihrem Reiterkostüm mit ihrem Hund Possum.
Rechts: Charmian Kittredge und Jack London auf ihrem Schiff sitzend.

Oben: Charmian Kittredge an der berühmten Schreibmaschine Remington Nr. 7, Jack London ihr diktierend.

Oben, links: Charmian Kittredge auf den Salomoninseln.
Rechts: Carrie Sterling, Charmian Kittredge, James Hopper, George Sterling und Jack London 1907 an Bord der *Snark*.

Gegenüber: Jack London und Charmian Kittredge 1915 am Strand von Waikiki, Hawaii.

darunter auch die Manuskripte und die Schreibmaschine, als es dem Sklavenjäger nach vier Stunden mit Hilfe eines vorbeikommenden Boots gelingt, sein Schiff wieder flottzumachen.

Die Salomoninseln sind die letzte Station der *Snark*. Der Gesundheitszustand des Kapitäns verschlechtert sich so stark, dass sie schnellstens ein Krankenhaus aufsuchen müssen. Die Kreuzfahrt ist zu Ende, und die Londons kehren nach Kalifornien zurück, um weiterhin gemeinsam der Literatur, dem Pferdesport und dem Segeln zu frönen. Ein Jahr vor seinem Tod schreibt Jack London 1915 folgende Widmung für Charmian: »Meine geliebte kleine Frau, acht Jahre nach der Reise auf unserem Boot bist du auf diesem gesegneten Hawaii immer noch auf das Innigste und bis in alle Ewigkeiten mit mir verbunden, dein geliebter Mann.«

Obwohl Charmian fünf Jahre älter ist als ihr Mann, überlebt sie ihn noch neununddreißig Jahre. Trotz ihrer großen Freiheitsliebe stellt sie freiwillig all ihre Energie in den Dienst seines Werks, reist zu Vorträgen und sorgt dafür, dass seine Bücher und Novellen neu aufgelegt und verfilmt werden. Zweifellos versucht sie, die Leidenschaft ihrer Jugend wieder zu entdecken, als sie sich mit dem Reiseschriftsteller Frederick O'Brien liiert. Trotz zahlreicher Anträge heiratet sie jedoch nie wieder. 1955 stirbt sie im Alter von vierundachtzig Jahren.

Eine kleine Kuriosität am Rande: 1929 finanziert Charmian einer jungen Frau namens Ella Maillart, die sie in Europa kennengelernt hat, die erste Reise.

Sie lachte gern aus vollem Hals

»Charmian hegte eine große Leidenschaft für die Musik, sie hatte eine hübsche Stimme und war mit der Zeit eine gute Pianistin geworden. Ihre Stimme war voll, moduliert und schwungvoll. Sie lachte gern aus vollem Hals, auch wenn ihr Humor manchmal etwas schräg erschien. Sie redete andauernd. Sie war in der Lage, eine intelligente, bissige und wortreiche Diskussion zu führen. Dank ihres großen Mutes war sie die erste Frau, die sich zu Pferd, das sie nach Männerart ritt, allein in das hügelreiche Hinterland San Franciscos traute, und das in einer Zeit, als die wenigen Reiterinnen sich damit zufriedengaben, im Damensattel die Alleen des Golden Gate Parks entlangzureiten. Sie empfand eine tiefe Zuneigung zu Pferden. Mit großem Ehrgeiz sowohl auf gesellschaftlicher wie auch auf intellektueller Ebene arbeitete sie verbissen, um weiterzukommen, und schaffte es, so viel Geld zu sparen, dass sie sich eine Reise nach Europa leisten konnte.«

Irving Stone: Zur See und im Sattel. Das abenteuerliche Leben Jack Londons. München, 1978.

Paradoxerweise sind im Abendland um 1900 beinahe all diejenigen, die sich mit lauter Stimme als Anhänger des Buddhismus bezeichnen, Frauen – unerschrockene, tatkräftige Frauen. Es ist ihr Versuch, ihre Sehnsüchte zu stillen, die aus der Leidenschaft für Gedankenfreiheit und einem unabdingbaren Individualismus erwachsen sind – Charakteristika, die sich schlecht mit erhabener Selbstaufgabe vereinbaren lassen, die ihre spirituellen Meister von ihnen verlangen.

Französin
1868–1969

Alexandra David-Néel

Die Lampe der Weisheit

Betrachtet man das Gesicht dieser Frau, wie sie mit fünfundfünfzig in tibetanischer Tracht auf dem Pferd sitzt, fällt es schwer, dieses Paradox nicht zu sehen. Es ist weder Abgeklärtheit noch das Licht der Erkenntnis, die aus ihren tiefen Falten und ihrem offenen Blick sprechen, sondern vielmehr ein eiserner Wille und wilde Entschlossenheit. Ihr buddhistischer Name lautet »Lampe der Weisheit«.

Die erste Hälfte ihres Lebens lässt jedoch an dessen Richtigkeit durchaus zweifeln. Natürlich ist es für die Tochter eines idealistischen Freidenkers und einer bigotten Betschwester schwer, »weise« zu sein. Die junge Alexandra entwickelt eine Neigung zur Flucht. Mit siebzehn Jahren flieht sie von Belgien, wo sie bislang gelebt hat, nach London. Zwei Jahre später flieht sie in die Schweiz, wo sie jedoch von ihrer Mutter aufgespürt wird. Inzwischen volljährig, flieht sie wiederum zwei Jahre später nach Indien, wo sie vom Geld einer kleinen Erbschaft lebt. Sie hat Musik, Gesang, Sanskrit und die Lehre des Buddhismus studiert. Als sie ohne einen Cent zurückkehrt, versucht sie sich als lyrische Sängerin und geht nach Hanoi, wo sie am Theater als Erste Sängerin eingestellt wird. Ihr neuer Beruf führt sie in der Folge nach Athen, Marseille sowie Tunis und lässt ihr sogar die Zeit, sich voller Elan mit Frauenfragen, Theosophie und Orientalistik zu beschäftigen.

Sie liebt nicht nur die Tat, sondern auch den Widerspruch. Daher nimmt sie sich einen Liebhaber, weigert sich aber, ihn zu heiraten, und doch wird am Ende geheiratet. Philippe Néel hatte sie gewarnt: »Sie fragen mich, wann wir denn nun endlich heiraten? Ich antworte Ihnen: Niemals.« Für Alexandra bedeutet dies eine Herausforderung: Am 4. August 1904 heiraten sie in Tunis, eine Verbindung mit besseren und auch schlechteren Zeiten.

Die Sängerin wird nun auch noch Rednerin und Journalistin. Sie schreibt immer mehr zum Thema Feminismus und hält Vorträge über den Hinduismus. Sie denkt über Themen nach wie »Von der Bedeutung der Umwelteinflüsse aus philosophischer Sicht« und beschäftigt sich mit immer neuen Themen. Sie ist gleichzeitig Schülerin der Theosophie, der Rosenkreuzer, der Freimaurer und des Buddhismus.

Sie hat geglaubt, sich selbst mit der Rolle der bürgerlichen Ehefrau zähmen zu können, doch das Gegenteil ist der Fall. Sie erweist sich vielmehr als unerträglich für ihren Mann und für sich selbst. Unbefriedigt, chaotisch und so fordernd, dass sie von Philippe ein »Gehalt« haben will, um kurz darauf zu der Entscheidung zu kommen, jegliche sexuelle Beziehung zu ihm einzustellen, da diese ihrer Meinung nach die Wurzel des Unglücks der Frauen ist. »Bleibt Jungfrauen!«, rät sie daher ihren Geschlechtsgenossinnen.

Selbst ihre Abreise nach Asien hat Beweggründe, die nicht zu ihrer idealistischen Suche passen: »Es gibt einen sehr ehrenhaften Platz in der französischen Orientalistik«, schreibt sie ihrem Mann. »Einen mehr beachteten und interessanteren Platz als den unserer Spezialisten. Schau Dir den großen Erfolg Bergsons an und verzeih meine Kühnheit, aber ich glaube, ich habe deutlich mehr zu sagen als er. Dafür bedarf es jedoch der Energie, der Arbeit und einer Dokumentation, die unanfechtbar ist. Werde ich von den Wissenschaftlern kritisiert, soll die Öffentlichkeit denken: Ja, diese Menschen sind zwar Akademiker, aber *sie* hat das gelebt, wovon sie erzählt, *sie* hat sie berührt und mit eigenen Augen beobachtet.«

Zweifellos besitzt Alexandra Energie im Überfluss. Nur eine an das Extreme grenzende Reise kann diesen Durst stillen, zu handeln, zu sehen, zu verstehen und zu entdecken. So reist sie mit dem Einverständnis ihres Ehemanns (zu jener Zeit noch unabdingbar) im August 1911 ab. Am 15. April 1912 gelingt es ihr, sich dem Dalai Lama zu nähern – weniger um die Geheimnisse des buddhistischen Pfads der Mitte zu erkunden, sondern vielmehr um ihre Neugier als Journalistin zu befriedigen. Im Februar 1913 beharrt sie darauf: »Ich beschäftige mich ein wenig mit dem glorreichen Traum von einer Reise nach Lhasa – und mit den Lorbeeren, die darauf folgen werden.« Bevor sie sich selbst korrigiert: »Allerdings gilt es, die Sehnsucht zu vermeiden, so wie es der Buddhismus lehrt, denn Sehnsucht bedeutet Leiden.« Leiden muss vor allem ihr Ehemann: »Wer zurücksteckt, ist im Grunde Philippe«, schreibt Jean Chalon, der Biograf Alexandras.

Nach einem langen Aufenthalt in Sikkim und einem noch längeren in Benares kehrt sie im Mai 1914 nach Sikkim zurück. Dort stellt sie den Diener Aphur Yongden ein, der im Lauf der Zeit ihr Adoptivsohn wird. Ihre Persönlichkeit als *lamina,* Dame Lamas, bekommt ihre endgültige Gestalt: ein rundlicher, in ein weites tibetanisches Gewand gehüllter Körper, ein von der Bergluft gegerbtes Gesicht, ein Blick, der die abendländische Herkunft verrät.

Während in Europa der Krieg tobt, zieht sich Alexandra fast zwei Jahre unter der Anweisung eines spirituellen Meisters zurück. »In Indien«, schreibt sie Philippe, »gehört es zum klassischen Reifeprozess eines großen Yogi, in einer Höhle zu leben.« Ihre Höhle ist

Vorhergehende Doppelseite, links:
Der Potalapalast in Lhasa in Tibet.
Rechts: Das berühmteste Porträt von Alexandra David-Néel.

Gegenüber, oben links : Philippe und Alexandra David-Néel in einem alten arabischen Palast an der Rue Abd'el Wahab in Tunis.
Darunter: Alexandra David-Néel als lyrische Sängerin.
Rechts: Alexandra David-Néel an ihrem Schreibtisch in Tunis, wo sie 1904–1911 wohnte.

Oben, links: Militär in den Straßen von Tschungking vor ihrem Fronteinsatz im Jahr 1938.
Rechts: Der von Rajah Amehti in Benares gebaute Tempel.

mit Teppichen und allem möglichen Nippes eingerichtet, doch Alexandra lernt dort trotzdem die Geheimnisse des Lamaismus, der Meditation und der Ekstase kennen und bekommt ihren neuen Namen. Im Juli 1916 fühlt sie sich bereit, um den Weg weiterzugehen, der zu ihrem eigentlichen Ziel führt: als erste Europäerin die heilige Stadt Lhasa zu betreten.

Sie kennt Asien gut genug, um zu wissen, dass es unsinnig ist, Tibet von Indien aus bereisen zu wollen. Dem Zeitgeschehen und damit auch dem inzwischen weltweiten Krieg gegenüber gleichgültig, vielmehr eingetaucht in das Glück der von ihr angenommenen Welt, reist sie nach Japan, dann in die Mongolei und durchquert langsam China, wobei sie genauso die Gastfreundschaft buddhistischer Klöster wie christlicher Missionen akzeptiert. Sie ähnelt immer mehr dem Bild der frömmelnden alten Mutter, das sie einst als Deckmantel für sich entworfen hatte, ohne jedoch je auf das Ritual ihres täglichen Bades zu verzichten, auch wenn sie so Gefahr läuft, demaskiert zu werden. Ende Oktober 1923 erreicht sie mit fünfundfünfzig Jahren, zwölf Jahre, nachdem sie Frankreich verlassen hat, und acht Jahre, nachdem sie von ihrem Lehrer »Lampe der Weisheit« getauft worden ist, die Grenze Tibets und damit das Gebiet, das Chinesen, Engländern und sogar Tibetanern selbst verboten ist und in dem vor ihr schon zahlreiche Weiße gefangengenommen und getötet worden sind. Um nicht dasselbe Schicksal zu erleiden, meiden Yongden und sie tagsüber die Dörfer und übernachten stets im Freien. Sie sehen aus wie Bettler und bitten auch tatsächlich um Almosen. Manchmal reisen sie in Gesellschaft von

Pilgern, die glauben, Alexandra stamme aus Ladakh, und manchmal haben sie nichts zu essen und begnügen sich damit, Leder zu kochen. Schließlich betritt die »Lampe der Weisheit«, bis auf Haut und Knochen abgemagert, Ende Januar 1924 die heilige Stadt. Sie bleibt dort bis Ende April, ohne enttarnt zu werden und ohne zu vergessen, sich von einem lokalen Fotografen vor dem Potalapalast fotografieren zu lassen, damit niemand ihre Leistung anfechten kann.

Anfang Juni ist sie wieder in Indien und begegnet zum ersten Mal nach zwölf Jahren den britischen Kolonialherren als Inbegriff des Abendlands. Der Krieg ist über das Land hinweggezogen, die wilden Zwanzigerjahre sind in vollem Gange. Alexandra verhehlt nicht ihr Entsetzen und ihre Sprachlosigkeit angesichts eines Engländers ohne Krawatte, mit offenem Hemd und mit nackten Beinen, nur mit Shorts bekleidet, die »nur die Oberschenkel des Gentleman bedecken, was sehr wenig ist«. Es ist, als sei sie im 19. Jahrhundert eingeschlafen und im 20. Jahrhundert aufgewacht. Diese Zeitreise ist verwirrender als jene Reise, die sie durch Asien geführt hat.

Gegenüber, oben: Ein Dorf an der Grenze zwischen Tibet und Yunnan am Pilgerpfad um den heiligen Berg Kawa Karpo.
Unten: Zu Beginn des chinesisch-japanischen Kriegs übernachtet Alexandra David-Néel in buddhistischen Klöstern des Wutai-Shan-Gebirges, 400 Kilometer südwestlich von Peking. Auf die Rückseite dieses Fotos schrieb sie: »Der Rest meines Gepäcks, Hankow, 1938.« Tatsächlich hat sie auf ihrer Flucht in Richtung Hankow den größten Teil ihres Gepäcks verloren.

Oben, links: Alexandra David-Néel in tibetanischer Tracht mit Nonnen des kleinen Klosters Chorten Nyima im Oktober 1914 am Fuß der tibetanischen Seite des Himalayas.
Rechts: Alexandra David-Néel und Aphur Yongden um 1920–1923: »Eine Dame der Roten Sekte der Vollkommenen Erlösung, die den magischen Dolch in ihrem Gürtel trägt und einen Rosenkranz aus Menschenknochen in der Hand hält. Dahinter ein Schüler«, schreibt sie auf die Rückseite des Fotos, das sie an ihren Mann schickt.

Oben, links: Alexandra David-Néel vor ihrem Rückzugsort Dechen Ashram, Herberge des Friedens, auf fast fünftausend Metern Höhe. Hier wohnt sie während des Herbsts 1914 und dann vom Sommer 1915 bis zum Sommer 1916. Rechts: Alexandra David-Néel im September 1914 während ihrer großen Reise in den Norden von Sikkim. Auf der Rückseite des Fotos vermerkte sie: »Lager am Fuße des Tangchungbergs. Eine Aufnahme des Maharadscha [Sidkeong Tulku von Sikkim], den ich nie wiedersehen werde, vor dem Aufbruch nach Talung!«

Gegenüber: Zeitungsseiten aus den Jahren 1924 und 1925, oben mit einem Bericht über Alexandra David-Néel, darunter mit einem Artikel von ihr.

Die »Lampe der Weisheit« hat nur noch einen Wunsch: nach Frankreich zurückzukehren, um Gewinn aus ihrem unglaublichen Abenteuer zu ziehen. Sie wird nicht enttäuscht. Der Ruhm erwartet sie in ganz Europa und in Amerika. Für die Welt ist sie ab jetzt »die Pariserin, die Lhasa betreten hat«. Bücher, Vorträge, Artikel, Medaillen, bewegende Glückwünsche und Briefe von Bewunderern stürzen lawinenartig auf sie ein, dass sie es gesundheitlich kaum verkraften kann. Nachdem sie im Januar 1937 in Digne ein Haus gekauft hat, um dort den Rest ihres Lebens zu verbringen, reist sie schließlich reich und berühmt erneut nach China und weiter nach Tibet, um dem Chaos, das in Fernost herrscht, zu entfliehen und bleibt dort bis 1946.

Trotz ihres Alters, allerlei Gebrechen und einer allgemeinen Müdigkeit ist ihre Karriere noch nicht beendet. Ein weiteres Mal betätigt sie sich als Schriftstellerin (fünf Bücher in drei Jahren), Vortragende und Journalistin, kümmert sich um ihren Gemüsegarten in Digne und korrespondiert mit der ganzen Welt. Einzig der Tod Yongdens unterbricht ihre Arbeitswut. Alexandra ist mittlerweile siebenundachtzig Jahre alt. »Ich glaube nicht, dass ich ihn lange überleben werde«, schreibt sie einer Bekannten, »und ich möchte es auch gar nicht.« Dennoch überlebt sie den Mann, der sie vierzig Jahre lang auf ihren Abenteuern begleitet hat, um vierzehn Jahre. An ihren Sessel gefesselt und ohne das Lachen Yongdens nimmt sie dennoch ihre Aktivitäten nach und nach wieder auf. 1969 erneuert sie ihren abgelaufenen Pass – sie ist hundertundeins. Sie lebt noch fünf Monate und stirbt im September desselben Jahres.

5 P.M. Edition

The Indian Daily Mail

Largest CERTIFIED Net Daily Sale in Northern, Southern, Central and Western India

VOL. II NO. 254 — BOMBAY: THURSDAY, OCTOBER 23, 1924 — PRICE: ONE ANNA

APPEAL OF BUDDHISM TAKES FRENCH WOMAN THROUGH UNEXPLORED REGIONS OF ASIA

Madame Alexandra David Neel, Orientalist, Courts Every Form of Peril and Hardship in Remarkably Bold Journeys Through China, Mongolia and Tibet: Enters City of Lhassa

Completes 12 Years' Trek in Heart of Continent At Darjeeling with Simple Announcement, "I Come from Lhassa"

SHE DEFIED DEATH IN LONELY AND FROZEN MOUNTAIN TRACKS

Rich Store of Information and Discovery of Famous Epics and Treaties Are Reward Of Her Unparalleled Daring

Sino-Japanese Relations Strained

Sequel to the Decision of Sending Troops to Chinwangtao

The Main Issue In German Elections

Nationalists Proclaim Their Faith in Monarchy

STORY OF THE FIRST WHITE WOMAN TO REACH LHASA, THE FORBIDDEN CITY

The Last Defeat Before Victory

by ALEXANDRA DAVID-NEEL

OTHER TITLES IN THIS SERIES ARE:

II—ROBBERS AND MAGIC IN THE SOLITUDES
Crossing unexplored regions of Tibet—The great tract of a strange Eastern country unknown to Europeans—Adventures with robbers in the forest.

III—TOWARDS VICTORY
My fourth journey to Tibet in beggar's disguise—Nocturnal marches across primeval forests—Meeting leopards in the jungle.

IV—ARRIVAL AT LHASA
The forbidden City of Tibet—Lhasa at New Years—Strange religious and lay festivities of the Tibetans—The story of the human scapegoat.

V—THE GREAT MONASTERIES OF LHASA
The religious life of the Tibetans—The mysterious Dalai Lama, the Pope-King of Tibet, whom few white persons have ever seen.

VI—THE WOMENFOLK OF TIBET
How the women of this unknown Eastern land spend their time—Marriage ceremonies and customs—Flappers and Matrons of the Forbidden Land.

THE McCLURE NEWSPAPER SYNDICATE — 373 Fourth Avenue, New York

Man bot mir eine Million:

»Mein teurer großer Freund,
viel Zeit ist vergangen, seit ich Dir das letzte Mal geschrieben habe, und ein ganz schön großes Stück des Wegs habe ich seitdem zurückgelegt. Ich will Dir gleich sagen, dass ich das Ziel erreicht habe (was sich auch der Anspruchsvollste nicht hätte träumen lassen), weswegen ich losgezogen bis, als ich Dir den letzten Brief geschickt habe. Diese Exkursion wurde als äußerst kühn angesehen; dass eine Frau meines Alters sie unternehmen könne, galt als kompletter Irrsinn. Obwohl ich einen Erfolg auf ganzer Linie errungen habe, würde ich es wohl ablehnen, dieses Abenteuer zu wiederholen, selbst wenn man mir eine Million böte. […] Wisse nur, dass ich in Lhasa zum Skelett abgemagert ankam. Lege ich eine Hand auf meinen Körper, spüre ich nur eine hauchdünne Hautschicht über meinen Knochen. […] Das Lästigste ist, wie schwach ich geworden bin. Eine Schwäche, die ich bis jetzt aufgrund der ständigen Anregungen kaum bemerkt habe. Ich werde mich mindestens einen guten Monat erholen und viel schlafen und essen müssen, wenn ich Tibet verlassen habe, was frühestens in sechs Wochen der Fall sein wird, denn der Weg von Lhasa bis zur Grenze ist lang, und danach werde ich noch den Himalaya überqueren müssen.«

Brief von Alexandra David-Néel
an ihren Mann vom 28. Februar 1924;
zitiert nach Alexandra David-Néel:
Mein Leben auf dem Dach der Welt.
Reisetagebuch 1918–1940.
München, 2001.

1918–1950

Frei und leicht

Wie lieben sie?

… ich liebe, wie ich reise.

Binden sich diese einsamen Reisenden, die nie innehalten, die sich als heimatlos und als Kraft in Bewegung beschreiben, an irgendjemanden? »Ich konnte schon rennen, bevor ich gehen gelernt habe«, rühmt sich Alexandra David-Néel. »Ich konnte schwimmen, bevor ich gehen gelernt habe«, ertönt es wie ein Echo von Anita Conti. Aber konnten sie lieben? Ja, und besser als manche andere.

Die enge Freundschaft zu anderen Frauen, das Vertrauen, die Dankbarkeit und die Treue zu den Männern, die sie ziehen – und wieder zurückkommen! – lassen, sind die Ankerplätze, die ihnen das Überleben sichern. Ohne die Liebe, die sie mit geliebten Menschen verbindet, wäre das Abenteuer unmöglich.

Die Konstanz der Gefühle trotz der Reisen und der langen Abwesenheit, die Stabilität und die Tiefe der Beziehungen zu anderen dürfen nicht unerwähnt bleiben. Die Freundschaft Ella Maillarts zu Annemarie Schwarzenbach, die nicht enden wollende gegenseitige Unterstützung auch in schwierigsten Lebensumständen in der Schweiz wie in Afghanistan. Die raue und echte Zuneigung zwischen Alexandra und Philippe David-Néel, die beide wie ein Stahlseil verbindet und vierzig Jahre hält. Die Zärtlichkeit Alexandras gegenüber Aphur Yongden, jenem tibetanischen Jungen, der mit vierzehn Jahren seine Familie verlässt und alles aufgibt, um einer europäischen Frau zu folgen. Was liebt Alexandra an Yongden? Was liebt Yongden an Alexandra? Natürlich die Abenteuerlust!

Doch was fühlen sie gegenüber jenen, die nicht losziehen? Gegenüber den Liebhabern und Ehemännern, die auf ihre Rückkehr warten? Leiden sie darunter, sich von ihnen trennen zu müssen, um durch die Welt zu ziehen? Haben sie Heimweh? Steigert die Abwesenheit ihre Sehnsucht? Sind sie verrückt vor Leidenschaft, wenn sie sich wiedersehen? Mit anderen Worten, sind die Abenteurerinnen zwischen den zwei Kriegen nicht nur ernsthafte Frauen und treue Freundinnen, sondern auch große Liebende?

»Du wünschst Dir zu Hause jemanden, der Dir wieder die Hände drückt, der Dir wieder für Küsse und den Rest [...] zur Verfügung steht«, schreibt Alexandra an ihren Mann. »Da mein Weggehen meine Mitarbeit unterbrochen hat, machst Du mir jetzt klar, dass Du eigentlich nicht mich vermisst, sondern die Gefühle, die ich in Direrweckt habe.« Diese Bilanz lädt wohl nicht zum Teilen des Ehebetts ein.

Auch wenn Alexandra David-Néel sich nicht mehr für das Händedrücken und Küssen interessiert, so gibt es doch andere Abenteurerinnen wie Freya Stark, Rosita Forbes, Margaret Mead oder Emily Hahn, die nicht so sittsam sind und sich daher sehr wohl für den »Rest« interessieren. Die freie Liebe ohne Scheinheiligkeit und ohne gesellschaftliche Beschränkungen hinsichtlich Nationalität, Alter und Geschlecht der Person ihrer Zuneigung gehört zum neuen Lebensstil der Abenteurerinnen, für die der Erste Weltkrieg die konservativen Barrieren beseitigt hat.

Die Leidenschaft hat schon Fanny Stevenson dazu gebracht, sich über alle Konventionen hinwegzusetzen, alles hinter sich zu lassen und alles für die Liebe eines sehr jungen Mannes zu riskieren. Natürlich wurde der neun Jahre jüngere Robert Louis später ein berühmter Schriftsteller! Doch zu der Zeit, als sie sich für ihn scheiden ließ, wirkte der Junge noch längst nicht so vielversprechend, denn er war schwindsüchtig, enterbt und scheinbar dem Tod geweiht.

Margaret Mead nimmt sich auf Samoa ein Beispiel an der sexuellen Freiheit der jungen Mädchen des Archipels – ihren Studienobjekten. Sie verliebt sich in die Ethnologen, denen sie begegnet, macht Feldversuche vor Ort und heiratet dreimal.

Was Emily Hahn und ihre Liebe zu einem chinesischen Dichter betrifft, so spielt sie sechs Jahre lang im Prostituiertenviertel von Shanghai die Konkubine und verlässt den Dichter erst zu Beginn des Zweiten Weltkriegs für den Chef der britischen Spionageeinheit in Hongkong.

Können die großen, derart auf Messers Schneide navigierenden reisenden Frauen wirklich auf die Bedürfnisse anderer Rücksicht nehmen? Können sich die von ihrem Instinkt und ihrer Suche nach dem Absoluten gelenkten Frauen überhaupt erlauben, auf die Sehnsüchte jener zu hören, die ihnen so unähnlich sind? Riskieren sie dabei nicht, ihre eigene Stimme nicht mehr zu hören und sich selbst zu verlieren?

“ *Sie taten nichts, was sie nicht wollten, und ihre Herzen waren rein.* ”

Karen Blixen

»Man sagt, ich hätte Marion tyrannisiert«, schreibt Odette du Puigaudeau, die ihre Freundin mit in die Wüste Mauretaniens nimmt, »dass ich sie unterdrückt hätte, da ich von Natur aus stärker und einnehmender sei. Ohne meine Autorität wäre Marion jedoch weiterhin Sekretärin in der Redaktion der Zeitschrift *Eve* geblieben, trotz ihres Studiums und ihres ersten Preises an der Kunsthochschule von Rennes. Sie hat die zwei Jahre in der Sahara gebraucht, um wieder zu sich zu finden.«

Präsentieren sich die Abenteurerinnen also als Vorbilder und Initiatorinnen? Als Geburtshelferinnen, die Sokrates zufolge anderen helfen, sich selbst zu erkennen?

Odette du Puigaudeau ändert sogar den Vornamen und Familiennamen der Frau, die sie liebt. »Sie müssen doch verstehen, dass ich sie mit dem Namen Marcelle Borne-Kreutzberger nicht in meine Bücher aufnehmen konnte!«

»Marcelle« wurde also in »Marion« umgetauft: eine neue Geburt, die beide befriedigte. Doch sie gingen noch weiter. Um den Sitten der Mauren in der Wüste gerecht zu werden, zögerte Odette nicht, Marion als ihre Sklavin auszugeben. Sind sie etwa anpassungsfähige Chamäleons? Besitzen sie diese Gabe der Mimikry?

Anpassungsfähig vielleicht. Aber austauschbar mit Sicherheit nicht. »Dieses Mädchen kennengelernt zu haben war mein Glück«, behauptet Odette. »Sie war die ideale Begleiterin. Sie half mir, ohne mich zu behindern. Sie schenkte mir innere Ruhe und Seelenstärke. Nachdem sie mich verlassen hatte, glich ich einer dieser schwachen und anfälligen Pflänzchen, die, ihrer Stütze beraubt, sofort zur Erde sinken. Man hätte mich gut zertreten können.« Wie könnte man die Bedeutung der allgegenwärtigen Unterstützung besser ausdrücken, als es Odettes Worte tun, die am Tod Marions verzweifelt?

Es scheint, als hätten die meisten Abenteurerinnen zwischen den zwei Weltkriegen nur dann in Harmonie mit sich leben können, wenn sie selbst Herrin ihrer Seele und Meisterin ihres Schicksals geblieben sind. Unabhängig? Egozentrisch? Ehrgeizig? Zweifelsohne. Als Entdeckerinnen und Erforscherinnen drängen sie an der Spitze vorwärts. Die Zeit, in der Florence Baker und Jane Dieulafoy ihren Ehemännern *assistierten,* ist längt vorbei. Jetzt sind sie die treibende Kraft, und man folgt ihnen.

Ihre Selbstverwirklichung schmälert jedoch weder Bewunderung noch Respekt noch die Liebe zu jenen, die sie formen oder beherrschen.

Was passiert jedoch, wenn eine Abenteurerin ihr Alter Ego kennenlernt? Genauso besessen, genauso entschlossen, genauso eigensinnig und genauso absolut frei wie sie?

»Es genügte, dass Denys und ich zusammen auf die Jagd gingen, damit das Glück uns hold war und wir Löwen sahen«, erklärt Karen Blixen, um die Liebe ihres Lebens zu beschreiben. »Die morgendliche Luft in den Bergen war so frisch und lebendig, dass wir bei jedem Einatmen die gleiche Illusion empfanden. Wir hatten den Eindruck, nicht mehr auf dieser Welt zu sein; dass wir uns nicht mehr in der Luft, sondern im Wasser badeten; dass wir auf dem Meeresgrunde wandelten ... Waren wir uns überhaupt sicher zu wandeln?«

In den Augen einer Frau, die nie aufhörte vorwärtszustreben, die trotz Ruin, Krankheit und Tod ihren Weg weiterverfolgte, muss sich diese Frage einfach stellen. Sie antwortet darauf mit den Worten, die den Traum all jener Abenteurerinnen zusammenfassen könnten, die ihr Gepäck einen Moment, eine Stunde, einen Monat, eine Ewigkeit abstellen: »Denys Finch Hatton war auf der Farm glücklich, er kam nur zu ihr, wenn er gern kam.« Karen Blixen definiert die Inkarnation ihres idealen Geliebten über die Freiheit, über eine absolute Freiheit ohne jeden Kompromiss und zeichnet so ihr eigenes Porträt und das der meisten großen Abenteurerinnen. »Sie taten nichts, was sie nicht wollten, und ihre Herzen waren rein.«

Alexandra Lapierre

> „Ein echter Vagabund findet auf seinen Reisen das Glück."
>
> *Freya Stark*

Der Duft der Freiheit

Der Geruch des Schwefels hat sich definitiv verzogen. Frau zu sein ist kein Handicap mehr, um loszuziehen und die Welt zu entdecken, und einige Verleger versprechen sich sogar einen Vorteil davon, wenn *Frauen* ihre Erinnerungen erzählen. Natürlich findet sich immer jemand, der die Reisenden vor der Abreise warnt, doch meist sind diese Warnungen nur ein Kunstgriff, um die Gefahren, denen sie sich aussetzen, zu betonen, Gefahren, die die Abenteurerinnen des 19. Jahrhunderts aus Angst vor dem »Das-habe-ich-dir-doch-gesagt« noch verschwiegen hatten. Der Erfolg weiblicher Reiseberichte ist jedoch nicht nur im Voyeurismus des Lesers begründet. Man schätzt den weiblichen Blick, die Sensibilität, die ihre Fotos und ihre Reportagen ausstrahlen, und vor allem aber ihren Humor, ein Erbe Mary Kingsleys und anderer mutiger und gelassener Frauen.

Ihr Auftreten gewinnt durch ihre Ungezwungenheit. Sie zeigen sich gern in Jodhpurreithosen und Safarihemden, legen jedoch Wert darauf, tief unten in ihrer Tasche immer auch ein Puderdöschen und eine Nagelfeile zu haben. Ihr Draufgängertum ist etwas abgekühlt. Sie vergessen allmählich die tugendhafte Strenge ihrer Vorfahren. Sie sind nicht mehr so vorsichtig und deutlich romantischer – so erlauben sie die Annäherung einiger verführerischer Männer, die sie jedoch nicht notwendigerweise heiraten, und nähern sich selbst gelegentlich einigen verführerischen Frauen. Sie lieben, wie sie reisen – frei.

Als Freya Stark 1929 in Bagdad eintrifft, ist Gertrude Bell seit drei Jahren tot. Wer die große Dame der Wüste gekannt hat, schaut skeptisch auf diese neue Engländerin, die für sich selbst den Titel Reisende beansprucht. Sie hat nichts, aber auch gar nichts von der Eleganz der Miss Bell. Freya Stark ist klein und eher rundlich, was sie nicht daran hindert, bei Diplomatenabenden in arabischer Kleidung zu erscheinen.

Freya Stark

Die glückliche Vagabundin

Zumindest was sie für arabische Kleidung hält. Dabei verdeckt sie die Stirn mit einer Schärpe, um eine Narbe aus der Jugend zu verbergen. Die unbekannte sechsunddreißigjährige Frau tritt ein schweres Erbe an. Doch sie lässt es auf wunderbare Art Früchte tragen und verdient sich so fünfzig Jahre später den Titel *quintessential explorer*.

Freya ist Kind vielgereister englisch-italienischer Eltern, wird in Frankreich geboren und sucht zunächst lange danach, wie sie ihren Hunger nach Unabhängigkeit stillen kann. Nach einer gescheiterten Verlobung gelingt es ihr mit Hilfe eines kleinen Erbes, immer mehr Grenzen hinter sich zu lassen. 1927 entdeckt sie ihre Leidenschaft für die arabische Sprache und bereist monatelang den Libanon und Syrien. Eine entscheidende Reise, denn sie beschließt, das Reisen zum Beruf zu machen.

Zu jener Zeit bekommt man den Titel Forscherin nicht mehr, indem man einfach auf dem Globus von einem Punkt zum anderen reist. Alles oder beinahe alles ist bereits entdeckt, und Globetrotter aller Arten durchmessen den Erdball in sämtlichen Richtungen. Man braucht ein Ziel, einen weißen Fleck auf der Karte, damit man »die Erste« sein kann. Ein eingehendes Studium des Nahen Ostens führt Freya nach Bagdad. Sie will bis ins Tal der Mörder reisen, zu jenem mythischen Ort, an dem die berühmte Sekte der Assassinen in früheren Zeiten Angst und Schrecken verbreitet hat. Das in Persien gelegene Tal war nie korrekt kartografiert worden. Und da Gertrude Bell mit drei Maultieren, zwei Zelten und zwei Dienern gereist war, beschließt Freya, nur mit einem Führer und fast ohne Gepäck zu reisen. Eine Wahl nicht nur aus strategischen Gründen, denn Freya hat nicht die finanziellen Mittel, eine Expedition auf die Beine zu stellen.

Nach ihrer Rückkehr im Herbst 1931 müssen die Engländer in Bagdad zugeben, dass Miss Bell eine würdige Nachfolgerin gefunden hat. Freya hat nicht nur ihr Ziel erreicht und bemerkenswertes wissenschaftliches Material gesammelt, sondern sie ist unter schwierigsten Umständen gereist und hat, ausgezehrt von Ruhr und Malaria, eine noch unbekannte Festung entdeckt. Diese und eine weitere Expedition liefern ihr den Stoff für ihr erstes Buch *Durch das Tal der Mörder,* das ihr die Anerkennung der Spezialisten und Ehrungen der Royal Geographic Society und der Royal Asiatic Society einbringt.

Zwei Expeditionen in die jemenitische Region Hadramaut zwischen 1935 und 1938 bestärken Freya in ihrer Bestimmung. Ihr amüsanter Anblick und ihre gewagten Gewänder, teils von französischen Schneidern gefertigt, wenn es sich nicht gerade um ihre persönlichen Interpretationen orientalischer Kleidung handelt, bringen ihr vielfältige, auch unbeabsichtigte Bewunderung ein, vor allem von Seiten des Militärs. Freya gelingt es aber wegen ihrer witzigen, weitschweifigen, dickköpfigen, bei Bedarf auch skrupellosen und selbstsicheren Art und ihrer Tätigkeit als Gelegenheitskunsthändlerin auch, dauerhafte Feindschaften auf sich zu ziehen – vor allem von Seiten ihrer Kolleginnen. Wegen ihre profunden Kenntnis der arabischen Welt, ihres Muts und ihrer Entschlossenheit interessiert sich nach Ausbruch des Zweiten Weltkriegs der britische Geheimdienst für sie. Ihre Exzentrizität und ihre sympathisch harmlose Art sind Waffen, die sie gegenüber arabischen Politkern in Ägypten, im Irak, in Syrien und in Palästina sehr geschickt einsetzt.

Durch ihre Art zu reisen wirkt Freya Stark wie eine für ihr Jahrhundert typische Reisende, die sich ethnologisch und spirituell auf der Suche befindet. Dank ihrer Tätigkeit als Kriegsagentin wirkt sie ihrem Vaterland treu ergeben – vielleicht war sie sogar die letzte Reisende des viktorianischen Zeitalters. Ihr Bild von der arabischen Welt, die sie bewundert, ist letztlich doch durch ihre Liebe zum britischen Empire und seinen Werten geprägt.

Während des Zweiten Weltkriegs ist sie unablässig im Orient unterwegs, um vor allem die durch die Unruhen der Entkolonialisierung aufgeschreckten Intellektuellen der verschiedenen Gebiete für die britische Sache zu gewinnen. Ihr schönster Erfolg ist die Gründung und Leitung der Brothers und Sisters of Freedom, einer mehr oder weniger geheimen Organisation zur Unterstützung der Krone, deren Mitglieder englische, ägyptische, irakische und indische Bürger sind.

Vorhergehende Doppelseite, links:
Freya Stark auf einem Kamel.
Rechts: Freya Stark mit orientalischer Kopfbedeckung.

Gegenüber, links: Freya Stark im Alter von zwanzig Jahren.
Rechts: Festlich geschmückte Mädchen im Protektorat von Aden, dem heutigen Jemen. 1938.

Oben: Freya Stark am Ufer des Tigris in der Nähe von Bagdad.

Oben: Mukalla am Golf von Aden. 1935.

Gegenüber, oben links: Ali bin Mansur, der Sultan von Seiyun, einer Stadt in der Region Hadramaut im Süden der arabischen Halbinsel. 1935.
Rechts: Frühes Porträtfoto von Freya Stark.
Unten: Freya Stark in ihrer Hängematte. 1965.

Das Kriegsende lässt die aktive Frau untätig zurück, genau wie schon vor ihr Gertrude Bell. Daher findet sie es jetzt an der Zeit zu heiraten. Doch die Enttäuschung ist unausweichlich für diese Frau, die fünfzig Jahre in grenzenloser Freiheit gelebt hat. Und Freyas Leben geht so weiter wie vor der Ehe – allein, jedoch von Bewunderern umgeben, die sie fasziniert und zur Verzweiflung bringt. Verschwenderisch, impulsiv und stets bereit, aus Vergnügen oder aus finanzieller Notwendigkeit (meist treffen beide Gründe zusammen) den Nahen Osten von einem Ende bis zum anderen zu durchqueren. Daher folgt sie mit über sechzig Jahren den Spuren Alexander des Großen und besucht das hintere Anatolien – eine Expedition, die sie allein beendet, nachdem sie ihren einzigen jungen Reisebegleiter, der sie leidenschaftlich bewundert und ihr nacheifern will, zurücklässt. »Ich habe ihn verlassen«, schreibt sie an ihren Verleger, »mit dem gleichen himmlischen Glücksgefühl, das ich jedes Mal verspüre, wenn ich einen Mann fallen lasse.«

Ihr Lebensstil, der etwas chaotisch anmutet, schenkt ihr auf jeden Fall ein bemerkenswert langes Leben, denn sie stirbt erst 1993 im einhundertersten Lebensjahr. »Ein echter Vagabund«, schreibt sie mit fünfundsiebzig, »findet auf seinen Reisen das Glück und reist nicht, um zu fliehen, sondern um etwas zu suchen.«

Sie wirkt sehr fremd

»Ich habe sie erstaunt betrachtet; sie hat sich mit den Jahren so positiv verändert. Sie ist viel hübscher geworden. Noch ein wenig rundlicher, was ihr gut steht. Und sie strahlt eine gewisse Selbstsicherheit aus; eine Frau von Welt, die es gewohnt ist, als solche betrachtet zu werden. Und sie scheint um so vieles glücklicher. Sie hat nicht eine Falte. Sie wirkt sehr fremd – aber natürlich ist sie das auch. Zum letzten Mal hat sie sich in Delhi Kleidung machen lassen. Ihr zahlreicher Schmuck ist sehr exotisch, und ihr Mantel ist aus zyprischem Ziegenleder.«

Brief von Mrs. Granville an Lady Lawrence, beides Freundinnen der Familie Stark, aus dem Jahr 1945, als Freya zweiundfünfzig Jahre alt ist; zitiert nach Caroline Moorehead: Freya Stark. Harmondsworth, 1986.

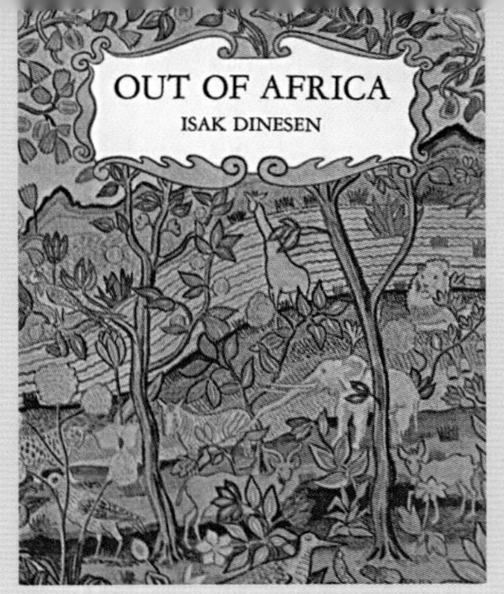

»Ich hatte eine Farm in Afrika am Fuße der Ngongberge.« Mit diesem Satz beginnt Karen Blixens »Afrika, dunkel lockende Welt«: Nostalgie einer verschwundenen Welt, eines längst vergangenen Abenteuers und schon so weit weg. Warum war die Farm der Baronin Blixen ein Abenteuer? Warum steigt von den Nachbarplantagen nicht der gleiche exotisch-paradiesische Duft nach Verzauberung und Vergänglichkeit auf? Karen Blixens Farm war beseelt von ihrer Eigentümerin.

Karen Blixen
Eine afrikanische Geschichte

Und von einem Grab, das nicht weit von ihrer Plantage entfernt liegt, und natürlich von dem Talent, mit dem die Schriftstellerin davon erzählt hat. Karen Dinesen, 1885 in Dänemark geboren, war ein anspruchsvolles junges Mädchen, das fürchtete, ihren eigenen Erwartungen nicht gerecht zu werden. Zweifelsohne liegt darin der Grund für ihre Ehe mit Bror von Blixen, einem Mann, den sie nicht sehr liebt, der dem bürgerlichen Mädchen aber den Titel Baronin einbringt. Und zweifelsohne ist dies auch einer der Gründe für ihren Aufbruch nach Afrika, wo sie sich fernab von den engen Grenzen der gehobenen dänischen Gesellschaft ein herrschaftliches Gut errichtet. Im Januar 1914 schifft sie sich ein, um zu ihrem Verlobten zu reisen, den sie nach der Ankunft in Kenia in Nairobi heiratet.

Vom ersten Tag an auf ihrer afrikanischen Farm weiß die junge Karen, dass es richtig war hierherzukommen. Sie wird die Königin in ihrem Reich sein. Der Boden ist ziemlich unfruchtbar, und die Lage schlecht geeignet für eine Kaffeeplantage, zudem ist der Kurs für Kaffee sehr schwankend. Doch hier gibt es Afrikaner, die Savanne, die Löwen. Die Afrikaner erscheinen ihr unberechenbar, stolz und sind neugierig auf sie, was auf Gegenseitigkeit beruht. Die Savanne und die Löwen bedeuten den Nervenkitzel der Jagd, Zeltlager auf unbekanntem Terrain und großartige Landschaften, die an eine paradiesische Welt erinnern.

Allerdings tauchen Schwierigkeiten auf, die die Baronin nicht vorhergesehen hat. Sie hängen mit ihrem Mann zusammen. Karen entdeckt, dass sie ihm nicht nur den Titel, sondern auch die Syphilis und die Einsamkeit verdankt. Beide werden für sie zu lebenslangen Begleitern, die sie sich trotz aller damit verbundenen Leiden zu ihren

Verbündeten macht. Im hohen Alter schreibt sie: »Was meine große Krankheit betrifft, so verdanke ich ihr vermutlich unendlich mehr als der Gesundheit.«

Karen begreift schnell, dass ihr Mann nicht beschlossen hat, in Afrika zu leben, um sich in einen arbeitsamen Kolonisten zu verwandeln, sondern um sich mit Safaris und Liebschaften aller Couleur zu amüsieren. Daher ist sie häufig allein auf der viertausend Hektar großen Plantage, gekauft mit Mitteln der Familie Dinesen. Der Krieg verstärkt ihre Haltung der hochmütigen Einsiedlerin. Bror stellt sich auf die Seite der Briten und geht nach Süden in Richtung der Grenze, die das britische Kenia von dem deutschen Tansania trennt. Zusätzlich zu den klimatischen Unwägbarkeiten trifft Karen der kriegsbedingte Kursverfall des Kaffees. Zudem erregt sie das Misstrauen der englischen Kolonie, die sie als Dänin verdächtigt, mit den Deutschen zu sympathisieren. Ihre Einsamkeit ist selbst gewählt, doch die Baronin gewährt einigen Auserwählten Zutritt, die zu langjährigen treuen Freunden werden, darunter Abenteurer von ähnlichem Guss wie Bror – mit dem sie weiterhin eine komplizierte, aber wirkliche Freundschaft verbindet –, gebildete Exzentriker und dandyhafte Männer, die allesamt eine tiefe Liebe zu Afrika empfinden.

Zwischen Löwensafaris, Ausritten zu Pferd und angeregten Gesprächen bei einer Flasche Champagner auf der Terrasse erwächst um diese brillante Frau zwar kein Paradies, aber eine Art Olymp, dessen Götter beinahe alle Großwildjäger sind und die in dieser Region Kenias leben, da man sich dort dem uneingeschränkten Genuss des

Tötens hingeben kann und die wilden Tiere einen glauben lassen, man sei ihnen an Kraft und Grausamkeit ebenbürtig.

Der Schönste unter ihnen ist Denys Finch Hatton. Selbst im Kreis der adeligen Abenteurer ist er eine Legende, auch wenn er längst nicht so göttergleich war, wie ihn Karen Blixen in ihrer Autobiografie beschreibt. Wenn sich die Gelegenheit dazu bietet, spekuliert der Sohn eines Grafen mit afrikanischem Land oder verleiht zu Wucherzinsen Geld. Doch seine Originalität, sein Mut und sein Charme machen diese Schattenseiten wieder wett. Für seine Freunde ist er »der bewunderte Tyrann«, für Karen wird er zur »Inkarnation des Idealen«.

Sie lernt ihn am 5. April 1918 kennen. Sie entdecken beide sofort, dass sie sich ebenbürtig sind und dass sie sich als höhere Wesen nicht mit einer banalen Liebschaft zufriedengeben können. Ihr Liebespakt besagt, dass niemals einer den anderen besitzen darf. »Ein wunderschönes Unternehmen [...]; ein stillschweigendes tiefes und brennendes Verlangen, der einvernehmliche Respekt zweier Kreaturen sehr unterschiedlicher Natur, die jedoch das gleiche Verlangen haben.« Dieser Satz, den Karen Blixen anlässlich einer Löwensafari schreibt, lässt sich auch gut auf ihre Beziehung zu Denys anwenden. Der Respekt, den sie ihrem Liebespakt zollen, sorgt dafür, dass sie eine lange und glückliche Zeit miteinander verbringen, auch wenn sie oft voneinander getrennt sind. Er sorgt aber auch dafür, dass Karen allein auf ihrer Farm bleibt.

Nach Kriegsende ordnet sich die von ihr geschaffene Welt, der sie, so hat sie sich geschworen, das Überleben sichern will, endgültig um

Vorhergehende Doppelseite, links:
Umschlag der Erstausgabe von *Afrika, dunkel lockende Welt* aus dem Jahr 1937. Das Buch wurde unter dem Pseudonym Isak Dinesen veröffentlicht.
Rechts Karen Blixen während einer Safari.

Gegenüber, oben: Karen Blixen 1914 auf Löwenjagd in Kenia.
Unten Karen Blixen und ihre zahme Eule im Jahr 1923.

Oben: Fischer in Kisumu, Kenia. Beginn des 20. Jahrhunderts.

sie. Sie ist die Mutter und die Regentin ihrer *totos* (»Kinder« auf Suaheli); sie entscheidet, lehrt, erzieht, ermahnt, verheiratet, pflegt. Sie kümmert sich um die Kranken und um verwaiste Tiere, baut eine Schule auf und das alles nach ihrem Ermessen. Und sie verwandelt ihr Haus mit Teppichen, Kristall, einer gehobenen Küche und duftenden Blumen in ein wahres Zauberreich. Karen Blixens afrikanische Farm ist eine merkwürdige Mischung aus Pioniergeist und aristokratischer Raffinesse, aus den gefährlichen und den schönen Dingen des Lebens. Und auch wenn es die Eigentümerin nicht gerne zugibt, so ist die Farm ein Finch Hatton geweihter Tempel. Alles wird um das Kommen und

Gehen des Jägers herum arrangiert. Die Mahlzeiten, die sie wie Theaterstücke inszeniert, sind Liebeszeremonien, bei denen sie ihrem geliebten Reisenden auf Wunsch ausgetüftelte Geschichten erzählt, als hoffe sie, ihn wie eine Scheherazade im seidenen Gewand länger bei sich halten zu können. Manchmal schreibt sie von nordischen Sagen und romantischer Lektüre inspirierte Geschichten auf, doch sie traut ihrem schriftstellerischen Talent während ihres sechzehnjährigen afrikanischen Abenteuers nicht, und so bleibt die Farm ihre große Aufgabe, in die sie all ihre Energie steckt.

Erst muss der Olymp versinken, bevor sie eine große Schriftstellerin wird. Zu Beginn des Jahres 1931 ist die Farm bankrott und wird zwangsversteigert, zudem kommt im Mai Denys Finch Hatton bei einem Flugzeugabsturz ums Leben. Karen hat keinen Ort mehr in Afrika, nichts mehr, dem sie die Kraft, die ihr die Krankheit noch lässt, widmen kann, und niemanden mehr, dem sie ihre Geschichten erzählen kann. Daher verlässt sie Afrika und beginnt zu schreiben. 1934 erscheinen unter dem Pseudonym Isak Dinesen *Sieben phantastische Geschichten,* 1937 *Afrika, dunkel lockende Welt* (nach dem Film jetzt *Jenseits von Afrika* betitelt) und 1942 *Wintergeschichten.* 1962 stirbt sie an den Folgen einer Magersucht, verursacht zweifelsohne von der Syphilis, von der sie nie ganz geheilt wurde. Finch Hatton ruht in Afrika. Er wurde auf den Hügeln des Ngong beigesetzt, an einem Ort, den er sich selbst ausgesucht hatte, als er mit Karen die Gegend durchstreifte. Noch lange nach seinem Tode erzählt man, dass sich die Löwen besonders gern zum Schlafen auf sein Grab legen.

Gegenüber: Karen Blixen im Jahr 1914 mit ihren Dienstboten auf ihrer Farm in Kenia.

Oben, links: Karen Blixen im Jahr 1913 vor ihrer Abreise nach Afrika.
Rechts: Denys George Finch Hatton.

Oben: Karen Blixen mit ihren Dienstboten vor ihrem Haus. Die Kette aus Bernsteinperlen ist ein Geschenk von Farah (zweite Reihe, links).

Gegenüber: Karen Blixen im Jahr 1950.

Alle Wildtiere Afrikas

»Hier in den Bergen lebten noch Büffel. Ich hatte sogar in meiner allerersten Zeit, als ich nicht leben konnte, ohne von jeder Gattung afrikanischen Wildes ein Stück geschossen zu haben, hier oben einen Büffel erlegt. Später, als es mir mehr darauf ankam, die wilden Tiere zu beobachten, als sie zu schießen, zog ich aus, um sie wiederzusehen. Ich schlug bei einem Quell, halbwegs unter dem Gipfel, ein Lager auf mit meinen Leuten, Zelten und Vorräten. Farah und ich brachen früh auf in den dunklen, eisig kalten Morgen... immer hoffend, einer Herde ansichtig zu werden.«

Ein kurzer Flug bei Sonnenuntergang

»Wenn Denys und ich wenig Zeit hatten, machten wir meist gegen Sonnenuntergang, einen kurzen Flug über die Ngongberge. Diese Berge, wohl die schönsten auf der ganzen Welt, bieten ihr anmutigstes Gesicht dem Beschauer aus der Luft, wenn ihre Hänge, von den vier kahlen Gipfeln überragt, neben dem Flugzeug aufsteigen und vorüberziehen oder plötzlich jäh abfallen und sich zu kleinen grünen Matten weiten.«

Das Kreischen des Adlers

»In den Ngongbergen lebte auch ein Adlerpaar. Denys sagte zuweilen nachmittags: ›Komm, wir wollen die Adler besuchen.‹ [...] Oftmals haben wir die Adler gehetzt, uns bald auf den einen, bald auf den anderen Flügel krängend und überhängend, und ich glaube, die scharfäugigen Vögel haben mit uns gespielt. Als wir einmal nebeneinander dahinflogen, stoppte Denys den Motor, und ich hörte den Adler kreischen.«

Tania Blixen: Jenseits von Afrika. Reinbek, 2003.

Ihre Biografie erinnert an einen langen, ruhigen Fluss – exotisch, aber ruhig. Sie hat weder Reichtum noch Ruhm und Ehre gesucht, aber sie fand ihr Glück im Zusammentragen schöner Erinnerungen und einen Schatz in der Form von tausend gesammelten Kleinigkeiten. Nichts von dem verdiente es, in die Annalen der Abenteurer einzugehen, hätten nicht die tausend Kleinigkeiten der Evelyn Cheesman samtweiche Pfoten, spitze Giftzähne, scharfe Unterkiefer und zitternde Fühler gehabt: Evelyn liebt Spinnen, Würmer und andere winzige Kreaturen.

Evelyn Cheesman

Die Freundin der kleinen Kreaturen

Für sie verlässt sie ihr Heimatland, für sie wird sie in den feindseligsten Regenwäldern der Welt leben, für sie lässt sie sich in der Nähe der letzten Menschenfresser des Jahrhunderts nieder.

Wäre die tierärztliche Hochschule in London im Jahr 1900 für Frauen bereits geöffnet gewesen, hätte die junge Evelyn gern bei den Schafen von Devonshire Karriere gemacht, doch erst einmal sieht sie die Pläne der Jugend durchkreuzt und muss sich mit einem Posten als Wächterin des Insektenpavillons im Regent Park in London zufriedengeben. Zufriedengeben im positiven Sinne, denn Evelyn ist glücklich in dieser kleinen Welt. Nichts begeistert sie mehr als das Beobachten einer Vogelspinne oder einer Stabheuschrecke. Diese geheimen Freuden gewinnen eine andere Qualität, als sie 1923 von den Organisatoren einer insektenkundlichen Expedition gebeten wird, diese in den Pazifik zu begleiten.

Evelyn ist zu diesem Zeitpunkt zweiundvierzig. Nach der Ankunft in Tahiti verkündet sie, dass sie auf eigene Faust Tiere sammeln will, und zwar nur mit Hilfe ihrer Hängematte, ihrer Reisetasche und ihrer Insektentafeln. Sie hat eine ganz bestimmte Idee: Mit Hilfe einer Spinnenart will sie beweisen, dass Neuguinea und die westpazifischen Inseln früher ein gemeinsames Festland gebildet haben. Doch sie schweigt, und so ahnt niemand, wie weit sie gehen wird, um ihre Neugier zu befriedigen. Vor allem nicht ihre Familie, die sie für eine Frau mit schwacher Konstitution hält. Die selbst ernannte Entomologin verbringt die nächsten dreißig Jahre damit, acht Expeditionen allein durchzuführen und dabei die Wälder Melanesiens gründlich zu durchstreifen. »Jeder glaubt, dass man Mut braucht, um wie ich die Wildnis Neuguineas allein zu erkunden und dort fernab

jeglicher Zivilisation zu zelten, doch man braucht keinen Mut, sondern vielmehr Ausdauer und vor allem eine große geistige Unabhängigkeit. Dies sind keine angeborenen Fähigkeiten, sondern vielmehr antrainierte Gewohnheiten. Geistige Unabhängigkeit wird häufig für unsozial gehalten, vor allem bei einer Frau. Und Wörterbuch und allgemeine Meinung verbinden ›selbstzufrieden‹ mit ›hochmütig‹!«

Evelyn besitzt eine enorme Ausdauer. Sie hält es wochenlang in der stickigen Feuchtigkeit des Regenwalds aus, erträgt Schlamm und Hunger und erduldet Malaria, Denguefieber sowie die Stiche ihrer geliebten Tiere. Dennoch braucht sie auch Mut, denn sie wagt sich in das Territorium der Seidenspinnen vor, jener eleganten schwarzen Spinnen, deren Netze so stabil sind, dass sie damit kleine Vögel fangen können: »Die Netze klebten an mir und schleiften wie dichte Tücher hinter mir her, bis ich schließlich keinen Schritt mehr tun konnte. Schicht auf Schicht bedeckten sie meine Schultern und Arme, und als ich umkehren und dorthin zurückgehen wollte, wo eben noch eine freie Stelle gewesen war, wurde plötzlich mein Gesicht von einem Vorhang verhüllt, als trüge ich einen orientalischen Schleier. [...] Selbst mit all meiner Kraft gelang es mir nicht, die Netze zu zerreißen, ich verletzte dabei lediglich meine Finger. Ich versuchte, sie sogar mit den Zähnen durchzubeißen, doch vergeblich. Überall um mich herum hingen Spinnen jeden Alters; einige davon hingen sogar dicht vor meinem Gesicht. In diesem Moment fand ich sie überhaupt nicht mehr schön.«

Dank einer Nagelfeile – Frau zu sein hat eben auch Vorteile – rettet sich Evelyn schließlich aus ihrer misslichen Lage, die ihrer Meinung nach jedoch noch schlimmer hätte sein können. »Auf dieser wilden Insel fürchtet man sich nicht vor den Tieren. Hier gibt es weder Löwen noch Tiger noch Bären noch Wölfe. Nur die Meeresgründe bergen Monster, und in einigen Flüssen gibt es kleine Fische, die in der Lage sind, einen Menschen in winzige Krümel zu zerlegen. Zudem muss man sich selbst an scheinbar idyllischen Flussufern vor Krokodilen in Acht nehmen. Die einzigen Tiere in Neuguinea, vor denen ich Angst hatte, waren die Krokodile und die Blutegel.« Und das alles nur aus Liebe zur Entomologie.

Nutznießer von Evelyns kleinen Schätzen ist das Naturkundliche Museum in London, dem sie all ihre Fundstücke überlässt. Sie hat die insgesamt mehrere Tausend Insekten während ihrer Expeditionen gesammelt, die sie selbst aus den Tantiemen ihrer Abenteuerbücher (vor allem *Camping Adventures in New Guinea* und *Time Well Spent)* finanzierte. Nicht erhalten sind die Insekten, die ein englischer Offizier in Papua-Neuguinea im Hof seiner Kaserne während eines tropischen Regens verschimmeln lässt; sie hatte ihm die während einer sechsmonatigen Expedition gesammelten Tiere anvertraut. Trotzdem teilt sie während der Kriegsjahre der Armee gerne ihre Kenntnisse von den Inseln Melanesiens mit. 1969 stirbt diese zurückhaltende, aber sehr effiziente und emsige Abenteurerin im Alter von achtundachtzig Jahren.

Vorhergehende Doppelseite, links:
Umschlag der Erstausgabe von *Time Well Spent* aus dem Jahr 1960.
Rechts: Evelyn Cheesman auf Neuguinea.

Gegenüber: Postkarten von Neuguinea.

Oben: Landkarte von Nordwest-Neuguinea.

Oben: Die Tagebücher von Evelyn Cheesman enthalten Skizzen und Beobachtungen von ihren Expeditionen in der Südsee.
Rechts: Evelyn Cheesman schützt sich behelfsmäßig vor dem unaufhörlichen tropischen Regen.

Gegenüber: Evelyn Cheesman mit ihrer entomologischen Ausrüstung auf Neuguinea.

Ein Camp in Neuguinea

»Nachdem die Pflanzen auf dem Lagerplatz entfernt worden waren, war es so rutschig, dass man den Abhang hinunterzuschliddern drohte, wenn man das Plateau verließ, auf dem ich die Hütte errichtet hatte. Wir hatten deshalb eine Absperrung aus Zweigen errichtet. Es war sicher nicht der angenehmste Lagerplatz, aber er erlaubte mir, das weiter unten gelegene Sumpfgebiet zu erforschen, und mir gefiel es, von dem flüssigen Schlamm, in dem ich arbeitete, zum Schlafen auf den festen Matsch wechseln zu können. Während des Kriegs war dieser Ort von den Japanern besetzt. Als ich das erfuhr, amüsierte ich mich bei dem Gedanken, wie die kleinen gelben Männer reihenweise ausrutschten und den Abhang hinunter bis tief in den Wald kullerten…«

Evelyn Cheesman: Time Well Spent. London, 1960.

Rosita Forbes gehört zu den wenigen Abenteurerinnen, die mit einem männlichen Kollegen in einen Streit um die Urheberschaft an einem Abenteuer gerieten. Es ist eine traurige Kontroverse, die zwischen ihr und ihrem Begleiter in der Wüste entbrannte. Der adelige einundzwanzigjährige Hassanein Bey ist ein dem Sultan nahestehender Ägypter, der in Oxford studiert hat. Er ist besessen von Geschichte und Geografie und liebt sein Land. 1920 träumt er davon, die Befreiung Ägyptens von der Vorherrschaft Englands zu erleben.

Engländerin
1890–1967

Rosita Forbes

Querelen in Kufra

Die Führer dieser politischen Bewegung brauchen eine hervorragende Kenntnis der Wüste, aus der der größte Teil des Landes besteht und deren Erforschung man bis jetzt der Neugier einiger Europäer überlassen hatte. Auf diese Weise macht Hassanein Bey die Bekanntschaft einer jungen Frau, die seine Träume teilt, wenn auch vor einem ganz anderen Hintergrund.

Rosita Forbes wird 1890 geboren, entstammt einer viktorianischen Familie und ist mit einem Oberst der englischen Armee verheiratet. Sie hat während des Kriegs Gefallen am Reisen gefunden: Man bemerkt, dass die gelernte Krankenschwester eine sehr talentierte Fahrerin ist, und setzt sie daher nahe der Front als Krankenwagenfahrerin ein. Sie beweist dabei so viel Mut, dass sie mit zwei Medaillen ausgezeichnet wird und sich von ihrem Mann scheiden lässt, den sie für zu ängstlich hält.

Nach Kriegsende besucht sie Australien, Indien, den Nahen Osten – und kommt nach Kairo. Dank ihrer Medaillen und ihrer Herkunft bekommt sie Kontakt zu jedem, den die ägyptische Verwaltung als kultiviert einschätzt. Mit Hassanein Bey spricht sie darüber, wie überwältigt sie beim ersten Anblick der Wüste war, und auch darüber, welche Sehnsüchte das in ihr geweckt hat. Der junge Ägypter erzählt ihr daraufhin von dem noch geheimen Projekt, Kufra zu erreichen.

Diese Oase im libyschen Teil der Wüste gilt als unzugänglich, seit eine islamische Sekte sie zu Beginn des 19. Jahrhunderts zu ihrem religiösen Zentrum gemacht hat. Der Sektengründer Sayyid Muhammad ibn Ali as-Sanusi verbreitet im riesigen Gebiet der Zentralsahara eine aus dem Sufismus hervorgegangene Lehre, deren Anhänger, die Senussi, aufgrund der rigorosen Auslegung des Islams

alle Ungläubigen bekämpfen. 1879 war der deutsche Forscher Gerhard Rohlfs bei dem Versuch, Kufra zu betreten, nur knapp dem Tod entronnen, und auf Betreiben dieser Sekte ist 1916 der Mönch Charles de Foucauld ermordet worden. Seitdem ist der Zutritt zu dieser Region der Sahara für alle Fremden verboten, gleichermaßen für Muslime und Christen.

Warum ist der ägyptische Adelige bereit, eine so gefährliche Expedition zusammen mit einer jungen Engländerin auf die Beine zu stellen, die schlecht Arabisch spricht und in die er wohl nicht einmal verliebt ist? Die Antwort gibt die internationale Politik. Die Anwesenheit einer Staatsangehörigen der Kolonialmacht bietet unter gewissen diplomatischen und finanziellen Umständen größere Sicherheit, und auf jeden Fall ist es für eine Frau einfach, sich unter einem Schleier zu verstecken, was einem männlichen Forscher nicht gegeben ist.

Daher holt Hassanein Bey vorsichtshalber die Genehmigung von Idris al-Sanusi ein (der nach dem Zweiten Weltkrieg der erste und einzige König eines unabhängigen Libyen wird, bevor er von Gaddafi gestürzt wird). Doch dessen Macht über die Nomaden der Region ist beschränkt, und seine Entscheidung wird von anderen Stammesfürsten, die nicht wollen, dass eine weiße Frau an der Expedition teilnimmt, sofort angefochten. Rosita Forbes weiß, wie die überraschende Genehmigung, die sie von Idris erhalten hat, zu verstehen ist: »Die Senussi lieben Hassanein. Doch sie bewundern und glauben an Großbritannien. Sie hoffen, dass die Engländer den Vormarsch der Italiener in Libyen stoppen können. Und sollte sich eine direkte

Allianz mit London als unmöglich herausstellen, so setzen sie ihre Hoffnungen auf eine Allianz mit Ägypten.«

Die unter einem so schlechten politischen Stern stehende Expedition erweist sich als genauso gefährlich wie befürchtet. Rosita hat sich darauf vorbereitet, indem sie Arabisch und die Sitten der Region studiert hat, und so nimmt sie unter dem Namen Khadidja als kaukasische Ehefrau von Hassanein Bey (was ihre Hautfarbe und ihr schlechtes Arabisch erklären soll) an der Expedition teil, die sich als Handelskarawane tarnt. Sie haben Sandstürme zu ertragen, verwehte Pisten, Plünderer auf den Dünenkämmen, nicht auffindbare Wasserstellen, quälenden Durst und als Schlimmstes von allem, das Misstrauen der Nomaden, die sie unterwegs treffen. Dennoch hat die Engländerin den Mut, heimlich zu fotografieren. Nach Verlassen der Oase von Ajdabiya verirrt sich die Karawane, und die Kamele werden krank. Anschließend durchqueren sie eine Gegend voll tiefer Bergschluchten, bevor sie den Teil der Wüste erreichen, der sich als endlose weiße Sandfläche vor ihnen erstreckt. Am 2. Januar 1920 entdecken Rosita und Hassanein Knochen von Tieren und Menschen der Karawane, die der ihren vorausgegangen war.

Das Betreten Kufras ist auch nicht einfacher: Kaum ist der Anführer der heiligen Stadt informiert, befinden sie sich zwischen zwei Lagern. Das eine glaubt an die Genehmigung, die Idris erteilt hat, das andere vermutet ein Invasionsmanöver. Zum Glück der Reisenden gewinnt das erste Lager, und Rosita kann sich rühmen, die erste Frau aus dem Abendland zu sein, die die verbotene Oase betreten hat.

Vorhergehende Doppelseite, links: Rosita Forbes zu Pferd.
Rechts: Rosita Forbes als elegante Dame.

Gegenüber, oben: Rosita Forbes beim Absteigen vom Kamel.
Unten: Rosita Forbes bei einer Rast.

Oben: Rosita Forbes in orientalischer Tracht. November 1926.

Oben, links und gegenüber: Rosita Forbes im Beduinengewand.
Oben, rechts: Rosita Forbes auf einem Kamel in einer Oase.

Nach der Rückkehr der beiden in ihre Heimatländer entbrennt die Polemik. Auf der einen Seite wird Rosita beschuldigt, Hassanein Beys Rolle nicht genug gewürdigt zu haben. Auf der anderen Seite behauptet dieser in der Kairoer Tageszeitung *Al-Ahram,* dass er zu seinem Bedauern eine gewisse Mrs. Forbes als Reisebegleitung mitgenommen habe, die für einen englischen Gentleman eingesprungen sei. Es stimme, dass sie sich als sehr widerstandsfähig erwiesen habe, aber er habe sie als seine Frau ausgeben müssen, um ihr das Leben zu retten.

Die Expedition der Rosita Forbes? Oder die Expedition Hassanein Beys? Die weiteren Karrieren der beiden Reisegefährten zeigen, dass es unmöglich ist, dies genau zu sagen. Während der Ägypter weiter systematisch die Grenzgebiete seines Landes erforscht, gehört Rosita 1924 zu den ersten Europäern, die Abessinien durchqueren, ein Aben teuer, das in dem Film *From Red Sea to Blue Nile* dokumentiert wird. Anschließend leitet sie eine Expedition auf der Suche nach den letzten isoliert lebenden Indios Panamas. Ebenfalls 1928 reist sie im Auto von Peshawar nach Samarkand und nach Kabul, Bamian, Mazar-i-Sharif und schließlich nach Usbekistan. Sie heiratet erneut einen Offizier und schläft 1965 auf den Bahamas friedlich für immer ein. Wer Hassanein und Rosita gekannt hat, kann bezeugen, wie viel sie außer ihrer Lust am Reisen und am Erforschen gemeinsam hatten, darunter den Hang zur Eleganz. Ersterer hatte auf die Expedition heimlich Badesalz und einen Smoking mitgenommen, Letztere war berühmt für ihre Hüte, die ein Zeitzeuge als »Wagenräder« beschrieb, »noch größer als die in Ascot«.

Khadidja existiert nicht mehr

»Mit einem Seufzer der Erleichterung lüftete ich schließlich meinen Schleier. Als ich jedoch die gewundenen Straßen im alten Siwa entlangging, in dem die terrassenförmigen Häuser und die dunklen Gewölbe das Gefühl noch verstärken, sich in einem ausweglosen Labyrinth zu befinden, schämte ich mich plötzlich, den Blicken der Araber ausgesetzt zu sein. Es erschien mir unerträglich, dass ein Muslim mein unverschleiertes Gesicht sehen konnte. Instinktiv setzte ich meinen Hut auf und zog meinen Umhang enger. Merkwürdigerweise war ich mittlerweile mit diesem Volk so seelenverwandt, dass ich es nur schwer ertrug, meine Identität preiszugeben. Ich musste mich erst wieder daran erinnern, dass Khadidja nicht mehr existierte!«

Rosita Forbes: The Secret of the Sahara: Kufara. London, 2000.

Wusste Margaret, welchen Zwängen sich ihre großen Vorfahrinnen beugen mussten, um als Geografen, Botaniker oder Anthropologen akzeptiert zu werden? Sie schert sich weder um Korsett und Rock noch um gesellschaftliche Konventionen. Dass sie Anhängerin der freien Liebe ist, hindert sie nicht daran, eine große Wissenschaftlerin zu werden. Gleichzeitig fürchtet sie nicht, dass sich irgendwer an ihrem aufregenden Gefühlsleben stoßen könnte, außer vielleicht einige eifersüchtige Kollegen, von denen einer übrigens ihr ehemaliger Liebhaber war.

Margaret Mead

Die Liebe zur Wissenschaft, die Wissenschaft der Liebe

»Schade, dass du kein Junge bist, dann könntest du es weit bringen.« Margarets Vater, ein Wirtschaftsprofessor, hat mit dieser Bemerkung den Ehrgeiz seiner Tochter, Studentin der ruhmreichen Barnard University, sicher noch mehr angestachelt. Ein Mädchen zu sein hatte schließlich auch seine Frau nicht davon abgehalten, Soziologin zu werden.

Margaret wählt die Anthropologie und wird darin von zwei ihrer Professoren bestärkt – von dem in seinem Fach berühmten Frank Boas und von Ruth Benedict, einer engen Freundin, die sogar die Liebhaberin dieses anziehenden und intelligenten jungen Mädchens wird. Frank Boas lässt Margaret schließlich ihre ersten Feldstudien betreiben und gibt ihr das erste Projekt: Sie soll die Eingeborenen Samoas studieren und herausfinden, ob es für das Verhalten Jugendlicher im Abendland eine Entsprechung in anderen Kulturen gibt.

Der Professor wendet sich nicht zufällig an seine junge Schülerin. Dank ihrer Körpergröße von nur einem Meter fünfzig und ihrem jugendlichen Habitus kann sie selbst noch als Jugendliche durchgehen, auch wenn sie bereits seit zwei Jahren mit dem Pfarrer und Archäologen Luther C. Cressman verheiratet ist.

Frank Boas lag richtig: Von September 1925 bis Mai 1926 lebt die frisch gebackene Anthropologin inmitten der Jugend Samoas wie ein Fisch im Wasser. Sie beobachtet sie quasi unsichtbar, erfährt Vertrauliches, teilt ihre Geheimnisse, erkundet ihr Sexualleben und notiert alles. So sammelt sie genügend Stoff für ein Buch, das sie sofort in die Ränge der großen Anthropologen katapultiert. *Kindheit und Jugend in Samoa* bestätigt die Hypothese, dass die Jugend ein kulturelles Phänomen des Abendlandes ist und keine physiologische

Zwangsläufigkeit. Margaret zeigt, dass sie die fremden Kulturen studiert, um ihre eigene besser zu verstehen. Aber auch – und das verschweigt sie in der Öffentlichkeit –, um sie zu reformieren. Tatsächlich zieht sich die Frage durch ihre ganze Arbeit, ob es nicht sein kann, dass die Leichtigkeit, mit der die Mädchen auf Samoa zur Frau heranreifen, mit ihrer Freiheit zu tun hat, gleichzeitig homo- und heterosexuell sein zu dürfen? Eine These, die ihr von der nachfolgenden Universitätsgeneration sehr zum Vorwurf gemacht werden wird.

Die Praxis und die Verteidigung der sexuellen Freiheit prägen die Forschungsarbeit Margaret Meads, und ihre Liebschaften sind stets eng mit ihrer Arbeit verknüpft*. Was sie in den Augen der Ethnologen des 21. Jahrhunderts suspekt macht, lässt sie in den Augen der Historiker, die sich mit dem Abenteuer beschäftigen, umso faszinierender erscheinen.

1928 lässt sie sich von ihrem ersten Mann scheiden, um unmittelbar danach Reo Fortune zu heiraten, einen Anthropologen aus Neuseeland, der die Eingeborenen auf Manus studiert. Diese zu den Admiralitätsinseln in Neuguinea gehörende Insel wird Ort ihres zweiten Projekts. Daraus entsteht das Buch *Kindheit und Jugend in Neuguinea,* das 1930 erscheint und wieder einen Vergleich herstellt zwischen der in den USA praktizierten Erziehung und dem, was sie und Reo im Herzen der Gesellschaft der Papuas beobachten. Und wieder kann man dort zwischen den Zeilen lesen, dass die amerikanische Gesellschaft von dieser Lehrstunde profitieren und über eine Lockerung der Anstandsregeln nachdenken sollte.

1929 wird Margaret von der Columbia University promoviert und bricht zum dritten Mal auf. Dieses Mal reist das Paar ins Innere Neuguineas, in die Region der Sepik, deren kulturelle Andersartigkeit legendär ist. Es geht darum, die Differenzierung der weiblichen und männlichen Rolle noch intensiver zu studieren. Bei dieser Gelegenheit hoffen Reo und Margaret, von einem anderen renommierten Anthropologen profitieren zu können. Gregory Bateson beobachtet zur gleichen Zeit einen anderen Stamm der Sepik, die Iatmul.

Die Begegnung findet in einer Region statt, die aufgrund der tropischen Klimaverhältnisse, der Abgeschiedenheit der Stämme und deren Kriegstechniken als eine der gefährlichsten und feindseligsten der Welt gilt. Und die drei Ethnologen sind dort in der Tat isoliert. Sie sind umgeben von Männern und Frauen, deren Umgangsformen ihnen völlig fremd sind und deren Gesten sie heimlich auf das Genaueste beobachten, vor allem, wenn dahinter eine sexuelle Konnotation zu vermuten ist. Dazu kommen Malariaattacken und damit einhergehende Halluzinationen, die Armut und das Aufeinandertreffen dreier starker Persönlichkeiten. Das Trio bildet eine merkwürdige Mischung aus Intelligenz und zur Schau getragener Sinnlichkeit – angeblich, um besser akzeptiert zu werden. Zwischen Margaret und Gregory bahnt sich eine Liebschaft vor den Augen Reos an, der sich deutlich weniger zur freien Liebe hingezogen fühlt als seine beiden Begleiter. Diese Liebesbeziehung führt schließlich zu einem heftigen Streit mit Beleidigungen und Schlägen, wodurch Margaret eine Fehlgeburt erleidet, die sie vorzeitig aus Neuguinea abreisen lässt.

Vorhergehende Doppelseite, links:
Ein Gemälde der Mundugumor, eines Stamms auf Neuguinea. 1932.
Rechts: Margaret Mead auf Samoa. 1926.

Gegenüber, oben: Margaret Mead 1926 mit zwei jungen Mädchen auf Samoa.
Unten: Margaret Mead 1928 mit Kindern von der Insel Manus auf einem Kanu. Die Insel gehört zu den Admiralitätsinseln in Neuguinea.

Oben: Junge Männer aus dem Dorf Pere auf der Insel Manus, die zu den Admiralitätsinseln gehört. 1928.

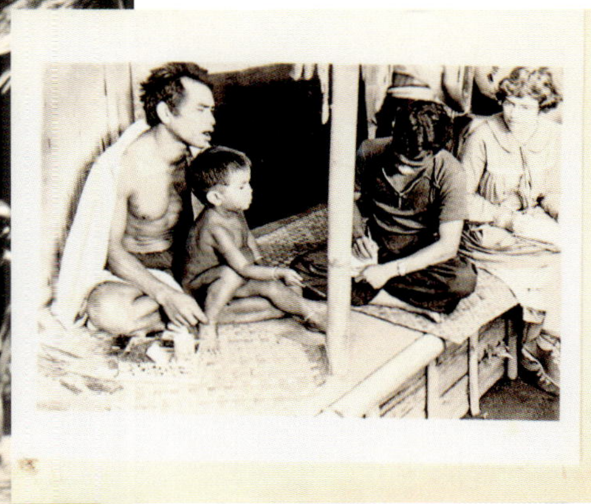

Dieses Drama kann 1935 jedoch nicht das Erscheinen eines weiteren Klassikers der Ethnologie verhindern: *Geschlecht und Temperament in primitiven Gesellschaften*. Im gleichen Jahr lässt sich Margaret von Reo scheiden und heiratet ein Jahr später Gregory Bateson. Die Ehe hält fünfzehn Jahre, die glücklichsten und ruhigsten Jahre in Margarets Leben. Sie reisen zusammen nach Bali, dem Ort ihres neuen Projekts, das noch ehrgeiziger ist als ihre früheren Forschungen. Dieses Mal geht es darum, die Gesamtheit der balinesischen Kultur zu dokumentieren, nicht nur im Hinblick auf Umgangsformen, sondern auch was den Tanz, die Malerei und das Theater betrifft. In dieser Zeit sammeln Gregory und Margaret tausendfünfhundert Kunstobjekte, drehen einen Film und machen fünfundzwanzigtausend Fotos.

Das darauffolgende Projekt des Anthropologenehepaars nimmt sich deutlich kleiner aus. Das einzigartige Forschungsobjekt heißt Catherine, wird 1939 geboren und bietet seiner Mutter, die schließlich eine renommierte Spezialistin in vergleichender Erziehungswissenschaft ist, vom ersten Tag an ein wunderbares Beobachtungsfeld. In dieser Zeit erscheinen *Balinese Character* (1942) und *Growth and Culture* (1951), zudem redigiert Margaret Propagandatexte für das Kriegsministerium.

Nach dem Krieg und der Scheidung ruht sich die Ethnologin auf ihrem Status einer intellektuellen Ikone aus, arbeitet an weiteren Veröffentlichungen, hält Vorträge und schreibt über Kindererziehung. 1975 publiziert sie ihre Memoiren, *Brombeerblüten im Winter. Ein befreites Leben*. Sie stirbt 1978 an Krebs.

Gegenüber: Margaret Mead und Reo Fortune in Pere. 1928.

Oben, links: Margaret Mead und Flötenspieler auf Alitoa in Neuguinea. 1932.
Rechts: Margaret Mead interviewt Balinesen. Fotografie von Gregory Bateson, 1937.

Oben: Margaret Mead und Gregory Bateson in Tambunam. 1938.
Links: Samoanisches Ehepaar auf Butaritari, einem zu Kiribati gehörenden Atoll.

Gegenüber: Margaret Mead mit Mutter und Kind. 12. Dezember 1936.

Klüger als zuvor

»Genau wie ein Mensch, der eines Tages sein Haus verlässt, wissender und weiser wieder dorthin zurückkehrt, so können wir durch die Kenntnis fremder Kulturen unsere eigene Kultur besser verstehen und schätzen lernen.«

Margaret Mead: Kindheit und Jugend in Samoa. München, 2001.

Brief eines besorgten Professors an seine junge Ethnologiestudentin

»Liebe Margaret,
ich vermute, dass die Zeit Ihrer Abreise näher rückt. Vor allem möchte ich Sie bitten, Ihre Gesundheit nicht zu vernachlässigen. Ich bin sicher, dass Sie im tropischen Klima auf sich aufzupassen wissen, sich an die Bedingungen vor Ort anpassen können und es nicht riskieren zu arbeiten, wenn es zu heiß und feucht ist. Sollten Sie feststellen, dass Sie das Klima nicht vertragen, schämen Sie sich nicht, vorzeitig zurückzukommen. Es gibt viele andere Orte, an denen Sie das Problem lösen können, an dem Sie arbeiten wollen.«

Brief von Frank Boas an Margaret Mead vom 14. Juli 1925. Letters of Margaret Mead. Library of Congress, Washington, DC.

»Ich weiß aus Erfahrung, dass das Reisen um die Welt nur dazu dient, die Zeit totzuschlagen. Man kommt genauso unbefriedigt zurück, wie man losgefahren ist. Man muss noch etwas zusätzlich machen.« Nicht, dass die Frauen des 19. Jahrhunderts nicht versucht hätten, »etwas zusätzlich zu machen«, aber ihr philanthropisches Engagement oder ihre botanischen Studien galten weniger der individuellen Befriedigung als der Erfüllung gesellschaftlicher Erwartungen. Eine reisende Frau sollte etwas für ihr Land tun.

Schweizerin
1903–1997

Ella Maillart
Fernab des Chaos der westlichen Welt

Ella Maillart ist entschieden anders als ihre Vorgängerinnen. Sie ist keine Patriotin, sie übt keine Kritik an der eigenen Gesellschaft. Die allgemeine Unsicherheit und Angst, die dem Europa der 1930er-Jahre einen grauen Stempel aufdrückt, lässt sie auf eine geistige und körperliche Suche machen, die ganz auf sie selbst bezogen ist.

Über ihre goldene, aber unbefriedigende Kindheit am Genfer See schreibt sie: »Außer auf dem See oder auf Skiern fühlte ich mich verloren und lebte nur zur Hälfte. Alles, was ich sah, alles, was ich las, deprimierte mich. Dem ›letzten der Kriege‹ folgten Kompromisse, künstliche Ideen und Streitgespräche, die allesamt nicht dazu dienten, einen echten Frieden zu stiften. Die wachsende Not und die Unsicherheit schienen Spenglers Worte vom ›Untergang des Abendlandes‹ zu bestätigen.«

Im Winter in den Bergen, im Sommer auf dem Segelboot, dazu eine Stelle als Französischlehrerin an einer englischen Schule – Ella versucht nicht, dem Bild der Tochter aus gutem Haus zu entsprechen. Offensichtlich ist sie weder am Heiraten noch an Männern interessiert und noch viel weniger an gesellschaftlichem oder beruflichem Erfolg. Ihre Eltern, Pelzhändler, sind beunruhigt: »Was willst du aus deinem Leben machen? Du kannst doch dein Leben nicht als ununterbrochenen Müßiggang gestalten?« Als ihr Vater ihr 1920 diese Frage stellt, kann er nicht ahnen, wie sehr es seiner Tochter gelingt, den Müßiggang des Wanderlebens zur Kunst zu erheben. Ella wünscht sich weit weg aus ihrer Zeit und ihrer Umgebung. Vielleicht ermöglicht das es ihr, eine glaubwürdige Reporterin zu werden. So berichtet sie über die Sowjetunion. Das Bild, das sie von diesem Land in ihrem ersten, 1932 geschriebenen Buch *Auf kühner Reise. Von Moskau in den Kaukasus* ent-

Vorhergehende Doppelseite, links:
Der Kreml in Moskau im Jahr 1930.
Rechts: Ella Maillart liest in der chinesischen Provinz Tsinghai den französischen Autor Paul Valéry. 1935.

Oben: Das Bamiantal in Afghanistan. 1937.

Gegenüber, oben: Ein Schiff auf dem Issyk-Kul-See in Kirgisistan, davor eine Karawane, die Wolle transportiert. 1932.
Unten: Annemarie Schwarzenbach und Ella Maillart in Genf vor ihrer Abfahrt nach Kabul. 1939.

wirft, nachdem sie den Kaukasus in Begleitung einer Gruppe russischer Studenten durchquert hatte, ist so präzise und unparteiisch, dass es durchaus als ethnografische Studie bezeichnet werden kann. Doch das Thema eignet sich in jener Zeit schlecht dazu, mit distanzierter Objektivität abgehandelt zu werden. Ihre Schweizer Landsleute werfen ihr ihre Neutralität vor und hätten es lieber gesehen, wenn die junge Frau das Regime emotionaler betrachtet hätte. Ella Maillart wird auf all ihren Reisen diesen Abstand wahren, diese Haltung des Beobachtens, ohne zu werten.

Sie schreibt nicht gern: »Es gelingt nicht, die wichtigsten Dinge auszudrücken und diese zugänglich zu machen.« Unzugänglich bleibt auch die Reisende selbst, die offenen Auges und mit ruhigem Blick durch Asien wandert. Durch diese Unvoreingenommenheit beschreibt sie ihre berühmteste Expedition in einem ganz besonderen Ton, worauf dieses Buch zu einem Klassiker der Reiseliteratur avanciert – ein Kraftakt für eine Frau, die nicht gerne schreibt.

1934 ist Ella Maillart in Peking. Sie ist bereits eine Veteranin des Abenteuers. Nachdem sie mit ihrer Freundin Miette an Segelregatten teilgenommen hatte, dann in einer aus vier Mädchen bestehenden Mannschaft gesegelt war und schließlich bei der Regatta der Olympischen Spiele von 1924 einen Einzelwettkampf bestritten hatte, entdeckt sie nun die Freuden des Wanderns und der Begegnung mit den Steppenbewohnern. Nach ihrer Reise durch den Kaukasus reist sie durch Turkestan und entdeckt dabei die Kirgisen, die Kasachen und die Usbeken. Im Verlauf dieser Expedition besteigt sie einen

Fünftausender und sieht flüchtig die Taklamakanwüste im verbotenen Teil Chinas. Dieser mystische Ort wird zu ihrem Traumziel, das sie eines Tages besuchen will. Allein macht sie sich durch die von der blutigen Unterdrückung der sowjetischen Armee zerrissenen Südrepubliken auf nach Westen. Russland bekämpft die aufständischen Mohammedaner. Ella reist ohne Genehmigung, deshalb muss sie die stark frequentierten Straßen und die großen Ortschaften meiden. Diese Reise, die sie in *Turkestan solo* beschreibt, verschafft ihr hohes journalistisches Ansehen. Daher schickt der auf Reisereportagen spezialisierte *Le Petit Parisien* sie nach China, um sie die von den Japanern besetzte Mandschurei erkunden zu lassen.

Doch in Peking interessiert sie weniger die Politik als die endlosen Landschaften, die so anziehend wie unzugänglich sind. Nach den Bürgerkriegen ist seit vier Jahren der Zutritt zu der Wüstenlandschaft verboten. Indien über das verbotene Territorium Xinjiang und den Karakorum zu erreichen, das reizt sie. Sie ist sich der Hürden bewusst, besonders als ihr der schwedische Forscher Sven Hedin zu einem merkwürdig anmutenden Umweg rät. Der Norden Tibets und das Qaidambecken, erklärt er ihr, seien als Zugang so schwer zu durchqueren, dass die chinesische Regierung nicht daran denke, diese Grenzen zu bewachen. Die kontaktfreudige und gesellige Ella Maillart zögert nicht, dem Journalisten Peter Fleming, den sie in London kennengelernt und in China wieder getroffen hat, von ihrem Projekt zu erzählen: »Das ist der Weg, auf dem ich nach Europa zurückkehren werde«, erwidert Fleming. »Wenn Sie wollen, können Sie mit mir reisen.«

»Wie bitte«, unterbricht ihn Ella. »Das ist mein Reiseplan und wenn überhaupt, dann bin ich es, die Sie mitnimmt, sollte ich mir davon einen Vorteil versprechen.«

Ihre Beziehung ist ein beständiges Wechselspiel aus Konfrontation und humorvollem Einvernehmen, und so dauert ihr kleiner pazifistischer Krieg sechstausend Kilometer und sieben Monate lang. Ein Beispiel: Ella kommentiert ihr Eingreifen, mit dem sie verhindert hat, dass Peter von einem Lastwagen fällt: »In dem Moment, indem ich ihm das Leben rette, findet er, dass ich ihn misshandle.«

Im Februar 1935 verlassen die beiden Peking mit einer Genehmigung für den Koko-Nor-See. Um den Militärkontrollen zu entgehen, schlagen sie sich durch die Hochebenen der Qaidamwüste, über die ein eisiger Wind weht. Sie betreten Xinjiang und reisen über die Seidenstraße weiter nach Pamir. Schließlich kommen sie in Srinagar in Kaschmir an. Keiner von beiden hält sich lange mit den erlittenen Qualen auf, sondern sie notieren lieber Anekdoten, erzählen von Begegnungen und atemberaubenden Landschaften, die sie auf Kamelen durchquerten.

Nach ihrer Rückkehr nach Paris beschreibt Paul Morand Ella folgendermaßen: »Eine Frau in Schaffellstiefeln und Mufflonhandschuhen mit einem von der Höhe oder dem Wüstenwind gegerbten Gesicht, die unzugängliche Regionen mit Chinesen, Tibetanern, Russen und Engländern erkundet, denen sie die Socken stopft, die Wunden pflegt und mit denen sie völlig unschuldig unter dem Sternenhimmel nächtigt.« Peter Fleming, der seinem Understatement

treu bleibt, gibt sich damit zufrieden, die Reisende als »sehr mutig und neugierig« zu beschreiben. Beide erzählen von ihrem gemeinsamen Abenteuer in zwei Büchern – Peter Fleming in *Tataren-Nachrichten. Ein Spaziergang von Peking nach Kaschmir* und Ella Maillart in *Verbotene Reise. Von Peking nach Kaschmir.* Aus heutiger Sicht erscheint es als ein Wunder, dass diese Expedition, die schon aufgrund der Persönlichkeiten der beiden Teilnehmer und durch das extreme Ziel zum Scheitern verurteilt schien, eine der berühmtesten Expeditionen in der Geschichte der Reisen des 20. Jahrhunderts wurde.

Bis 1939 arbeitet Ella weiter als Reporterin für den *Petit Parisien.* Sie besucht mit Lastwagen und Bus die Türkei und Indien, den Iran und Afghanistan. Dann folgt die merkwürdigste und sicherlich auch die emotionalste Abenteuerreise von allen. *Der bittere Weg* lautet der Titel des Buchs, indem sie diese Reise erzählt. Gewählt hat den Titel die mit ihr befreundete Autorin Annemarie Schwarzenbach. Die morphiumabhängige, lesbische und selbstmordgefährdete Schriftstellerin, die aus tiefstem Herzen Antifaschistin ist, glaubt, dass Genie und Schmerzen untrennbar zusammengehören. Ella schreibt über Annemarie, dass »sie an das Leiden glaubte und ihr das Leiden die größte Quelle war. An diesem Tag fragte ich mich, ob sie so weit ging, ihr Elend zu ertragen, weil sich ein Teil von ihr daran labte. Würde sie es in diesem Fall schaffen, die begonnene Kurve, die die Hölle ins Paradies verwandelt, zu vollenden?« Um ihr die Chance zu geben, ihr Schicksal zu ändern, schlägt Ella ihrer Freundin Annemarie vor, mit ihr im Auto über Istanbul, Trabzon, Teheran und Herat nach Afghanis-

Gegenüber, oben: Schneesturm im Boron-Kol-Tal im Qaidambecken in China. 1935.
Unten: Karawanenweg im Hunzatal in Kaschmir. 1935.

Oben, links: Am Ufer des Flusses Kabul in Afghanistan. Oktober 1939.
Rechts: Die dreiundfünfzig Meter hohe Buddhastatue in Bamian. 1939.

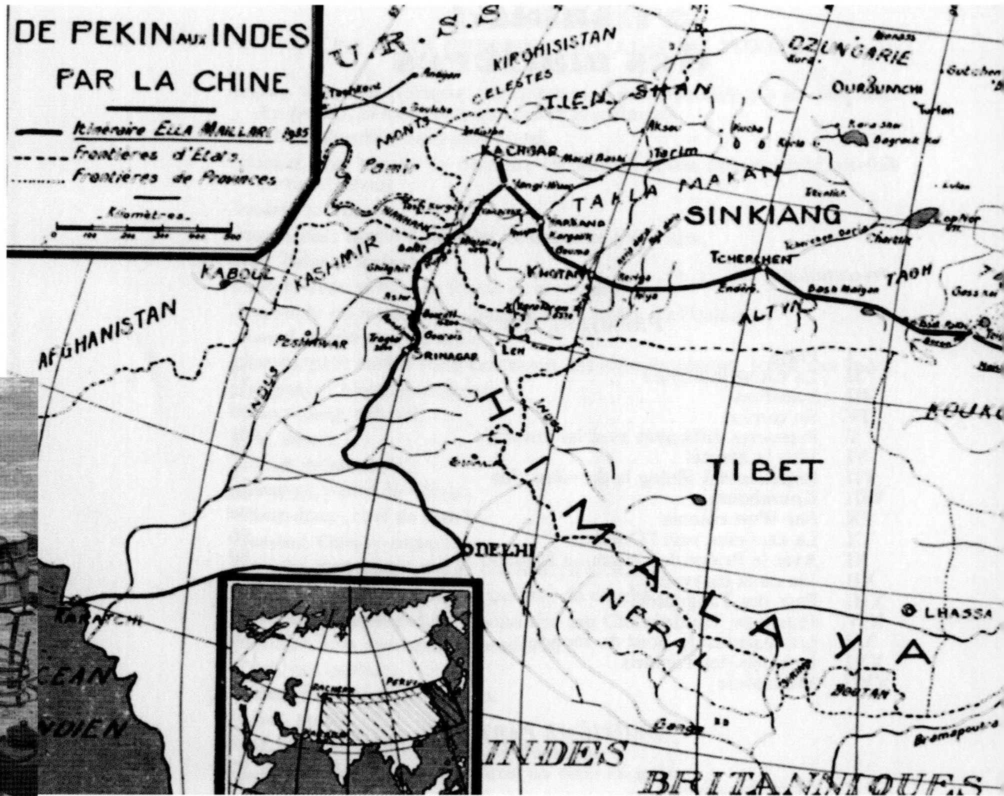

Oben: Peter Fleming beim Kartenspiel in der Provinz Tsing-hai. 1935.
Daneben: Landkarte, die den zurückgelegten Weg von Peking nach Karatschi zeigt.

tan zu fahren. Doch Annemarie verlässt den bitteren Weg nicht. Je länger der Ford über die verlassenen Pisten rumpelt, desto mehr versinkt sie in ihren Depressionen. Schon bald ist jedes Etappenziel eine gute Gelegenheit, einen Drogenhändler zu finden und dann einen Schlupfwinkel, um immer tiefer in die Welt der Drogen zu versinken. Ella weiß nicht mehr, wie sie ihre Freundin retten soll und spürt, wie diese langsam die ausgestreckte Hand loslässt. Daher konzentriert sich Ella darauf, ihren eigenen inneren Frieden zu stärken und »das Geheimnis eines harmonischen Lebens« zu suchen. Das findet sie in der Welt, die sie umgibt: »Das erste Licht des Tages war mir eine große Freude. Die Farben waren lebhaft, aber verschwommen, als seien sie von Perlmutt umgeben [...]. Richtung Norden, hinter den Felswänden mit den in Stein gehauenen Buddhas*, ragten hohe Berge empor, deren Schluchten in samtblaue Schatten gehüllt waren und auf denen kleine Schneefelder als helle Flecken leuchteten.«

Die beiden Freundinnen kehren Ende 1940 schmerzlich vereint im Misserfolg zurück. Die körperlich völlig erschöpfte Annemarie stirbt zwei Jahre später an den Folgen eines Fahrradunfalls. Als Ella Maillart von der Nachricht überrascht wird, ist sie fernab des Kriegs, der in Europa tobt. Fernab des Chaos, fernab jeglichen politischen oder patriotischen Engagements hat sie sich vom Getöse der Waffen und

Ideologien zurückgezogen. Ihre Haltung angesichts des Kriegs ist die logische Konsequenz aus der Entscheidung, in der sie durch jede ihrer Expeditionen bestärkt worden ist. Sie zeigt, wie sehr sich diese Reisende von ihren Zeitgenossinnen Freya Stark, Louise Arner Boyd oder Odette du Puigaudeau unterschied, die während des Kriegs allesamt für ihr Vaterland Dienst taten. Ella Maillart lässt sich in Indien nieder. Diese Epoche ihres Lebens ist gekennzeichnet von der Weigerung zu handeln, was vor allem durch die Art und Weise deutlich wird, wie sie darüber erzählt: *Ti-Puss. Mit einer Katze allein durch Indien.* Das Tier dient ihr als Vorwand, um die Lehre wiederzugeben, die Ella von zwei Hindumeistern empfangen hat; es versinnbildlicht den stillen Weg, der ihre Herrin von der materiellen Welt entfernt, »denn eine Katze ist die Inkarnation der Fülle des Seins«, erklärt Ella.

Nach dem Krieg verfolgt die Reisende den selbst gewählten Pfad der Harmonie weiter. Zurück in Europa organisiert sie kulturelle und spirituelle Reisen, hält Vorträge und zieht sich in das Schweizer Bergdorf Chandolin zurück, in dem sie bis zu ihrem Tod am 27. Januar 1997 lebt. Sie selbst hat uns, ohne ihre typische Zurückhaltung aufzugeben, den schönsten Schlüssel gegeben, um sie zu verstehen: »Die Reise zieht sich hin, und manchmal scheint es, als sei sie erst mit dem Tod zu Ende; man fühlt sich passiv davongetragen ohne eigenes Zutun.«

Annemarie: Reisen, nicht entscheiden

»Das Reisen verlangt keine Entscheidungen von uns und stellt uns nicht vor eine Wahl, die uns schuldig, reumütig, demütig oder verbissen werden lässt.«

Annemarie Schwarzenbach im April 1940 in der National-Zeitung, Zürich; zitiert nach Oliver Weber Je suis de nulle part. Sur les traces d'Ella Maillart. Paris, 2004.

Ella: Warum zurückkehren?

»Ich wünschte, die Reise könnte das ganze Leben lang dauern. Nichts zieht mich in den Westen zurück, und ich weiß, dass ich mich unter meinen Landsleuten einsam fühle, da mir ihre Sorgen fremd geworden sind.«

Ella Maillart: Verbotene Reise. Von Peking nach Kaschmir. Basel, 2003.

Osa inmitten von Pygmäen. Osa ein Krokodil streichelnd. Osa rittlings auf einem Zebra. Osa einen Löwen hinter sich herziehend. Osa im Pilotenanzug: Von Osa Johnson gibt es viele Bilder vor den exotischsten Kulissen der Welt, stets anders, aber stets sie selbst. Es ist schwierig, von älteren Reisenden Fotos zu finden – wer hätte schon Mary Kingsley fotografieren können, als diese gerade das Ohr eines Nilpferds mit ihrem Sonnenschirm kitzelte?

Amerikanerin
1894–1953

Osa Johnson

Die Kraft des Bildes

Und es ist schwierig, Beschreibungen der Reiseabenteuer der Johnsons zu finden, die *nicht* mit der hübschen, rebellischen, bewundernswerten Osa illustriert sind. Man vergisst leicht, dass sie nicht das Fotomodel für eine Reisedokumentation ist, sondern eine echte Abenteurerin.

Als sie 1910 ihren zukünftigen Ehemann kennenlernt, weiß die blutjunge Osa Leighty, was auf sie zukommt. Martin E. Johnson hat das Abenteuer bereits ausgekostet und war an Bord der *Snark,* jenem Boot, mit dem Jack London und Charmian Kittredge ein paar Jahre zuvor den Pazifik überquert hatten. Er machte in der kleinen Stadt in Kansas, in der das junge Mädchen lebte, nur Station, um einen Vortrag über seinen Segeltörn zu halten. Kansas ist platt, monoton und sehr weit vom Meer entfernt...

Osa heiratet mit sechzehn und folgt Martin auf seinen Vortragsreisen. Er erzählt, und sie singt in der Hoffnung, genug Geld zu sammeln, um eine neue Expedition auf die Beine stellen zu können. 1917 ist es so weit. Die Johnsons fahren los, um zum ersten Mal die legendären Big Nambas auf der Insel Malekula zu filmen, die zu den Neuen Hebriden (heute Vanuatu) gehört. Martin weiß, dass der schlechte Ruf dieses Kannibalenvolks nicht übertrieben ist, denn er hat in Begleitung von Jack London viel darüber gehört. Und in der Tat ist die erste Begegnung eine Katastrophe. Nachdem es sich das junge, naive Paar bequem gemacht hat, um ihre erste Dokumentation zu drehen, werden sie von ihren Gastgebern gefangengenommen, die ihre Freundlichkeit nur vorgetäuscht hatten, um das Paar ins Inselinnere zu locken. Glücklicherweise überzeugt der Anblick eines in der Bucht vorbeifahrenden Boots die Big Nambas, die beiden Weißen wieder

freizulassen, worauf die filmischen Grünschnäbel sich mehr schlecht als recht durch den Urwald zurück zu ihrem vor Anker liegenden Boot durchschlagen.

Dieses kleine Wunder entscheidet über ihr künftiges Leben. Ihr Filmmaterial ist unbeschädigt geblieben, und *Cannibals of the South Seas* wird zum Meilenstein in der Geschichte des Kinos. Hier wird 1918 zum ersten Mal einem großen Publikum gezeigt, was bislang nur den waghalsigsten Abenteurern, Ethnologen und Seeleuten vorbehalten war. Jetzt kann man Angst vor den Big Nambas haben und dabei bequem im roten Samtsessel sitzen. Der Film ist ein Riesenerfolg.

Als die Johnsons erneut losziehen, haben sie genug Geld, ein Filmteam mitzunehmen und professionell zu reisen. So leisten sie sich den Luxus, zu den Big Nambas zurückzukehren, um sie dabei zu filmen, wie sie sich selbst mitten im Urwald auf einer Leinwand betrachten – friedliche Menschenfresser, aus denen zum Wohl Hollywoods Darsteller geworden sind.

Auf die Kannibalen folgen die Wildtiere. Osa und Martin richten ihr Objektiv auf Afrika, und erneut wird das, was bislang Abenteurern vorbehalten war, einer breiten amerikanischen Öffentlichkeit so packend dargeboten, dass die Zuschauer den Eindruck gewinnen, sie selbst seien beim Festmahl der Löwen, beim Tod eines Zebras, bei der Paarung der Elefanten dabei.

Die beiden Abenteurer sind weder Wissenschaftler noch Journalisten – sie sind Bilderjäger, die ein Spektakel organisieren. Um einen Geparden oder einen Büffel zu überraschen, sind sie zu allem bereit.

Daher wird Martin eines Tages, als er gerade eine Herde Nashörner filmt, von einem dicken männlichen Tier angegriffen. Weder er noch Osa flüchten oder lassen sich ablenken. Osa legt mit sicherem Griff das Gewehr an und schießt. Das Tier bricht vor dem Kameramann zusammen, ohne dass dieser auch nur einen Zentimeter Filmmaterial verloren hätte. Es überrascht daher keineswegs, dass ihr erster Tierfilm *Trailing African Wild Animals* von 1923 enthusiastisch gefeiert wird. Sie brechen sofort wieder auf und werden während ihrer siebenundzwanzigjährigen Ehe nie sesshaft.

Ihr Renommee wächst, und ihre Expeditionen werden immer umfangreicher. Um 1930 brauchen sie für einen Film über eine afrikanische Safari zweihundertfünfunddreißig Träger. Osa, die längst nicht mehr das kleine Mädchen aus Kansas ist, übernimmt die Organisation und stellt alle zufrieden. Und als das Unternehmen sich der Fliegerei zuwendet, lernt sie, ihr Flugzeug *Osa's Ark* über die Savannen zu steuern. Die Johnsons sind die Ersten, die den Kilimandscharo und dann den Mount Kenia überfliegen.

Vorhergehende Doppelseite, links:
»Unser Schimpanse Teddy lernt überraschend schnell. Schaut er mir ein einziges Mal zu, zum Beispiel wie ich einen Nagel einschlage, ahmt er sofort meine Geste nach und versucht, es mir gleich zu tun.«
Rechts: Osa Johnson prüft während einer Safari in Afrika ihr Gewehr. 1934.

Gegenüber, oben: 1919 führt Martin Johnson auf der Insel Malekula den Big Nambas seinen ersten Film *Cannibals of the South Seas* vor.
Links: Big Nambas auf den Vaoinseln vor großen, aus Holz geschnitzten Tam-Tams, die mit Wildschweinhauern verziert sind. 1919.

Oben: Martin Johnson filmt mit seiner berühmten Akeleykamera in Meru, Kenia.

Ganz oben, links: Filmplakat zu *Trailing African Wild Animals* (1923).
Ganz oben, rechts: Eine Elefantenherde im Sumpfgebiet von Lorain in Kenia. 1933.
Oben, links: Osa und Martin Johnson in Kenia. 1930.
Rechts: Osa Johnson auf einem Zebra in Kenia.

Gegenüber: Osa Johnson bei der Schönheitspflege, genau beobachtet von Eingeborenenfrauen. 30. Januar 1923.

Leider vergisst man bei ihren spektakulären Bildern leicht, wie viel Geduld und wie viel Mut sie dafür aufbringen müssen. 1935 drehen sie ihren letzten Film und bleiben dafür zwei ganze Jahre auf Borneo. Sie folgen den Flussläufen auf dem Floß oder im Kanu, erforschen als Erste die Region des Flusses Kinabatangan und dringen, ebenfalls als Erste, bis zu den Kopfjägern in der Region Tenggara vor. Dabei haben sie stets das Auge am Sucher und die Hand an der Kurbel, um unterwegs auch noch Krokodile und Orang-Utans zu filmen.

Zwischen 1917 und 1937 drehen Osa und Martin Johnson acht Filme, machen Tausende Fotos und veröffentlichen neun Bücher. Das Abenteuer endet über den Vereinigten Staaten. Das Linienflugzeug, mit dem sie zu einem Vortrag reisen wollen, wird von einem Unwetter überrascht und stürzt ab. Martin erliegt seinen Verletzungen, Osa überlebt stark behindert. Dennoch führt sie die bereits begonnene Tournee im Rollstuhl fort. 1953 setzt ein Herzinfarkt ihrer Karriere als Vortragsreisende ein Ende, dabei hatte sie gerade geplant, noch ein letztes Mal nach Afrika zurückzukehren.

Die erste Begegnung mit den Kannibalen

»Während er dem Blick Nagapates [des Anführers der Big Nambas] standhält, flüstert Martin mir zu: ›Mach dich mit den Trägern auf den Trampelpfad. Ich folge dir. Tu, was ich dir sage, und zwar schnell.‹ Nagapate lässt sich jedoch nicht ablenken und ergreift mich, als ich mich gerade umdrehe. Doch er will lediglich meine Hand schütteln, so wie Martin seine Hand geschüttelt hat. Ich bin angesichts dieser freundschaftlichen Geste so erleichtert, dass ich laut lache und die Geste warmherzig erwidere. Vielleicht war das ein Fehler. In dem Moment, da ich meine Hand zurückziehe, packt er fester zu und hält mich fest. Dann drückt er den Zeigefinger seiner freien Hand auf verschiedene Stellen meines Körpers, als wolle er dessen Festigkeit prüfen. Ich unterdrücke einen Schrei und werfe Martin einen entsetzten Blick zu. Das leichenblasse Gesicht meines Mannes ist zu einem Lächeln erstarrt.«

Osa Johnson: I Married Adventure. The Life and Adventures of Martin and Osa Johnson. New York, 1940.

Odette ist groß, hochmütig
und brillant, Marion klein,
rundlich und fröhlich.
Odette schreibt, Marion malt.
Und sie lieben sich.
Im Januar 1934 reisen
sie zusammen los, um auf
Kamelen die Wüste
Mauretaniens zu durchqueren.
Vor dem Hintergrund der
Sanddünen und der Nomaden-
zelte wirken sie so unge-
wöhnlich, fast unpassend,
dass die Einwohner 1934 als
das »Jahr der beiden Damen«
bezeichnen. Die beiden Damen
leben aber schon länger als
ein Jahr zusammen.

Französin
1894–1991

Odette du Puigaudeau

Das Jahr der beiden Damen

Odette ist eine bretonische Adelige, Tochter des Malers Ferdinand du Puigaudeau und verwandt mit Alphonse de Chateaubriand. Sie wird von ihrem Vater erzogen, der ihr das Zeichnen beibringt, und von ihrer strengen Mutter unterrichtet. So erlebt sie eine einsame und langweilige Kindheit, in der sie viel träumt. 1920 geht sie nach Paris und verdient sich dort ihr Brot als Zeichnerin im Naturkundemuseum, später als Stilistin für Lanvin. Als sie Marion Sénones kennenlernt, hat sie sich dank einer Reportage über die Bretagne schon einen gewissen Namen gemacht.

Marion, die mit richtigem Namen Marcelle Borne-Kreutzberger heißt, ist die Tochter eines Beamten in Auxerre. Ihre Mutter hat ihr erlaubt, sich an der Kunsthochschule einzuschreiben, was 1902 für ein sechzehnjähriges Mädchen höchst ungewöhnlich ist. Marion hat lange Zeit mit Madeleine Anglada zusammengelebt, einer reichen, sehr unangepassten Kinderärztin, und ist Redaktionssekretärin bei der Zeitschrift *Eve,* als sich Odette 1932 dort als freie Mitarbeiterin vorstellt.

»Sofort floss ein geheimer Strom zwischen uns«, gesteht Odette ihrer Biografin, ein Strom, der sie bis an die afrikanischen Küsten treiben wird. Zunächst Odette, die bereits einige Jahre zuvor den Entschluss gefasst hatte, ein ungewöhnliches Abenteuer erleben zu wollen, und später Marion, die ruhiger und beständiger ist als ihre Freundin. Ihr Ziel ist es, archäologisches Material zu sammeln, das Auskunft über das blühende Leben während der Jungsteinzeit in der Sahara gibt. Sie arbeiten mit dem Afrikaforscher Théodore Monod zusammen, der ihnen Hinweise liefert, an welchen Stellen sich das Forschen lohnt.

Am 12. Januar 1934 besteigen sie in El Mamghar zum ersten Mal Kamele und machen sich unter dem Schutz von vier maurischen Kriegern auf den Weg nach Nouakchott. Sie reisen mit Sarouals (weiten Hosen) und Djellabas bekleidet, schlafen auf der Erde und ernähren sich kärglich, aber sie haben Puderdosen und Lippenstift im Gepäck – man weiß ja nie. Nach zwei Wochen, in denen sie sich mühsam an ihre Kleidung gewöhnt haben, entdeckt Odette, dass ihre adelige Erziehung sie hervorragend auf ein Leben mit den Mauren vorbereitet hat. So gut, dass sie schließlich keinen Handschlag mehr tut, denn nach den Sitten ihrer Gastgeber ist körperliche Arbeit eines Herrschers unwürdig. Man weiß nicht, was die sanfte Marion über diese perfekte Anpassung dachte, die zu diesem Zweck zur »Sklavin« von Mademoiselle du Puigaudeau ernannt wurde. Allerdings entdecken die beiden Französinnen nach einigen Wochen die Grenzen der Gast-

freundschaft der Mauren. Nachdem sie Aleg an der Grenze zur Region Trab el-Bidan hinter sich gelassen haben, verlassen sie das von Frankreich geschützte Territorium. Nun sind sie den Stammesfürsten ausgeliefert, mit denen sich Odette so gut verstanden hatte. Und diese zeigen ihnen gegenüber plötzlich genauso viel Verachtung, wie sie ihnen zuvor Respekt erwiesen hatten. »Letzten Endes ist dies nur die Revanche für unsere Ungnädigkeit«, schreibt Odette ohne Bitterkeit. »Die wahren Herren sind die Kamele.«

Die Situation spitzt sich zu, als die kleine Karawane die Grenze zu Schwarzafrika erreicht. Die Gegend ist sumpfig, und die Reiter kommen auf dem getrockneten, aufgerissenen Schlamm nur schwer voran. Nach einem Sturz leidet Marion unter ständigen Kopfschmerzen, während Odette vom Fieber geplagt wird, nachdem sich eine schlecht versorgte Wunde am Finger infiziert hat. Nach einer dreiwöchigen Reiseunterbrechung in Kiffa werden die beiden Frauen eilig nach Dakar evakuiert, wo Odette ein Fingerglied amputiert wird.

Dennoch geben sie nicht auf. Im Juli brechen sie gen Norden auf, dieses Mal allerdings im Lastwagen und dann in einem Militärfahrzeug zusammen mit einer Truppe französischer Schützen. Die beiden Frauen setzen ihre Reise bis nach Chinguetti fort, das aufgrund der Koranmanuskripte, die dort sorgsam konserviert werden, »Sorbonne der Wüste« genannt wird. Anschließend reisen sie weiter in Richtung Ouadane. Auf ihrem langen Weg legen sie Felsmalereien frei, entdecken alte Gräber und sammeln in der Sahara auch die kleinsten Relikte der Steinzeit: Pfeilspitzen, Steinperlen, Straußeneischalen.

Vorhergehende Doppelseite, links:
Odette du Puigaudeau und Marion Sénones in Mauretanien.
Rechts: Odette du Puigaudeau auf einem Kamel.

Gegenüber, links oben: Odette du Puigaudeau und Marion Sénones in ihrer Kabine auf der *La Belle Hirondelle*, einem Fischkutter auf Langustenfang auf dem Weg nach Mauretanien. 30. November 1933.
Ganz links: Als Mann verkleidet und unter dem Namen Marcel Dupuis recherchiert Odette 1935 eine Geschichte über die Pariser Börse.
Links: Odette du Puigaudeau und Marion Sénones mit ihrem zahmen Geparden in den Räumen des *Petit Parisien* nach ihrer Mauretanienreise. 17. Februar 1938.

Oben: Odette du Puigaudeau und Marion Sénones im Haus des Stammesführers der Laghlals in Chinguetti, Mauretanien. 1937.

Ganz oben: Errichtung eines Zeltlagers.
Oben: Odette du Puigaudeau und Marion Sénones posieren in einem Fotostudio in Paris.

Am 15. August ist es Zeit, zur Küste zurückzukehren, noch einmal fünfhundert Kilometer auf dem Rücken der Kamele. »Der maurische Tee widert mich an«, gibt Odette zu. »Und ich habe das Hammelessen, den Sand und die Sandstürme satt!« Nach zweitausendfünfhundert Kilometern auf dem Rücken eines Kamels und zweitausend Kilometern im Auto kehren sie nach Paris zurück. Im Gepäck haben sie Hunderte von Fotos und eine enorme Menge archäologisches Material, das sie dem ethnografischen Museum stiften.

Doch scheinbar haben sie den Sand und den gegrillten Hammel doch in guter Erinnerung behalten, denn sie brechen schon bald wieder auf, dieses Mal nach Timbuktu. Dort schließen sie sich der *Azalai* an, einer aus mehreren tausend Kamelen bestehenden Karawane, die einmal pro Jahr nach Norden in die trockenste, unfruchtbarste Region der Sahara bis zu den Salzminen von Taoudenni zieht.

Der Krieg unterbricht die Reisetätigkeit der beiden Damen, die eine Vereinigung zur Unterstützung französischer Gefangener in Deutschland gründen. 1949 beginnen sie, wieder zu reisen. Sie werden zu Mauretanienexpertinnen und arbeiten bis zu Marions Tod 1977 an einer Vielzahl von Publikationen. Odette stirbt 1991 in Marokko, nachdem die Entkolonialisierung sie aus ihrem geliebten Land vertrieben hat. Monique Vérité, die Konservatorin der Bibliothèque Nationale, die sie vor ihrem Tod in Rabat aufgesucht hat, hat uns eine wunderbare Geschichte über die Wüste und die Liebe überliefert.

Alles muss man lernen

»Ich bin mit nackten Füßen und leeren Händen und mit dem Wunsch, Menschen kennenzulernen und Freundschaften zu schließen, hierhergekommen. Ich musste von den Mauren vieles lernen, und sie hatten mehr Einfluss auf mich als ich auf sie.«

Die Stille der Wüste

»Wir drangen immer tiefer in die Stille vor. Eine Stille, die weder innehielt noch wartete noch vorüberging, sondern vielmehr eine essentielle, endgültige Ordnung darstellte, die Summe einer Vielzahl von Stille, die sich in großen konzentrischen Kreisen von einem Horizont zum anderen über die endlose Leere gelegt hatte.«

Odette du Puigaudeau; zitiert nach Monique Verité: Odette du Puigaudeau. Une bretonne au désert. Paris, 1992.

Den Blick in die Ferne gerichtet, die Haut vom Salz gegerbt, macht sich Anita Conti wie der Held Hemingways auf die endlose Suche nach großen Fischen – nach dem Kabeljau in Neufundland, dem Hai im Senegal, dem Sägefisch woanders. Für sie geht es um die Ausbeute im positiven Sinn des Wortes. Um ihre Gefühle für das Meer zu beschreiben, reicht es nicht, von Faszination oder Verzauberung zu sprechen, vielmehr erwächst zwischen ihr und dem Meer eine ganz besondere Intimität.

Französin
1899–1997

Anita Conti
Die junge Frau und das Meer

Anita Conti ist in der Tat beinahe im Wasser geboren: Ihre Eltern tauchten sie schon ein paar Tage nach der Geburt in den Ozean. »Ich konnte schwimmen, bevor ich laufen gelernt habe«, sagt sie später. Ihr Vater Leven Caracotchian, ein begüterter Chirurg türkisch-armenischer Abstammung, ist Anhänger einer Gesundheitsbewegung, die Sport und frische Luft als unabdingbar für die Gesundheit ansieht.

Anita wächst daher in einer Welt auf, die das Meer für die Quelle des Lebens hält. Die Familie lässt sich an der Nordküste der Bretagne nieder, und Anitas Mutter nutzt das Leben der Fischer als Lehrbeispiel für ihre Tochter und ihren jüngeren Sohn. Dank des Geldes und der geistigen Unabhängigkeit der Caracotchians geht Anita nicht zur Schule. Am Ende dieser idyllischen Kindheit mit unzähligen Kreuzfahrten hätte Anita durchaus ihr restliches Leben damit verbringen können, diesem verlorenen Paradies nachzutrauern. Das Gegenteil ist der Fall, denn sie macht das Beste aus diesen Jahren des luxuriösen Umherschweifens.

Sie will arbeiten und wird Buchbinderin. Schnell hat sie eine wohlhabende Kundschaft und heiratet den französischen Diplomaten Marcel Conti. Dann beginnt sie für Frauenmagazine zu schreiben, ein recht konventioneller Anfang, nur dass es in den Artikeln der Anita Conti weder um Mode noch um Haushalt geht, sondern vielmehr um die entsetzlichen hygienischen Zustände in den Austernzuchten der Bretagne. Ihre Zielrichtung ist klar; von Anfang an hat der Lockruf des Meers für die junge Frau sehr technische, um nicht zu sagen nüchterne Aspekte. Daher wird sie schon bald vom Office scientifique et technique des pêches maritimes angeworben und bekommt an Bord der *Président Théodore Tissier,* des ersten vom französischen Staat finanzier-

Vorhergehende Doppelseite, links: Krabbenfischer in G'Besia in Guinea. 1945. Rechts: Anita Conti in Guinea. 1945.

Ganz oben, links: Frachter vor der neufundländischen Küste.
Rechts: Anita Conti während des Zweiten Weltkriegs als Mitglied der französischen Marine. 1941.
Oben: Ein gefangener Hai in Guinea.

Gegenüber, links: Anita Conti an Bord des Fischkutters *Le Bois rosé* vor Labrador. 1952.
Rechts: Verarbeitung des Fangs auf einem Fischkutter vor Neufundland.

ten Schiffs zur Erforschung der Meere, schnell meeresbiologische Forschungsarbeiten zugeteilt. Beeindruckt von ihren autodidaktisch erworbenen Kenntnissen, beauftragt der Direktor des Amts die junge Frau damit, Messungen vorzunehmen, Proben zu entnehmen und die Fischereitechniken zu studieren. Dadurch soll nach und nach eine Datensammlung entstehen, um auf Probleme in diesem Bereich reagieren zu können. Anita bereist den Norden – Neufundland, Island, Spitzbergen.

Als der Krieg ausbricht, wird sie nach Frankreich zurückbeordert. Sie schlägt vor, ihre Forschungsergebnisse über die Meeresströmungen in den Dienst einer gerade auslaufenden Minenräumexpedition zu stellen, die aus umgebauten Fischerbooten besteht. Ihre Bitte kann nicht erfüllt werden, da Frauen der Zutritt zu Militäreinrichtungen verboten ist. Doch wieder erkennt man ihre Fähigkeiten. Daher erhält sie eine Ausnahmebewilligung. »Wir haben diese Arbeit in einem Begeisterungstaumel gemacht!«, schreibt sie über die Schiffsbesatzung, die Minen fischt wie andere Seezungen. »Wir mussten verrückt sein, verrückt vor Angst und vor Freude, daran beteiligt zu sein und sagen zu können: Wir schaffen es, oder wir fliegen in die Luft.«

Nach der Besetzung Frankreichs fällt es ihr leicht zu fliehen. Sie geht an Bord des Fischkutters *Le Volontaire,* der Kurs auf die französischen Gebiete Afrikas nimmt. Zwischen 1941 und 1943 ist sie offiziell noch Mitglied der Behörde, doch in Wirklichkeit arbeitet sie für die algerische Regierung und fährt die afrikanischen Küsten entlang mit dem Auftrag, die Bevölkerung und alliierte Armeen mit Fisch zu ver-

sorgen. Sie bildet Fischer aus, macht Vorschläge, um lokale Fangtechniken zu verbessern, definiert die Fangmethoden und die Konservierung, sucht neue Fischgründe und lässt Fischräuchereien errichten. Sie ist stets bestrebt, möglichst großen Nutzen zu erzielen, und macht sich daran, die Vorzüge der besonders vitaminreichen Haifischleber bekannt zu machen, und erweist sich so als würdige Nachfolgerin der Forscherinnen des vorausgehenden Jahrhunderts.

1947 setzt der neue Gouverneur von Dakar ihrer Mission ein Ende. Anita überlegt, ob sie einen eigenen Fischereibetrieb aufbauen soll, doch sie verwirft diese Idee sehr schnell wieder, da sich ihre unersättliche technische Neugier nicht mit den ökonomischen Interessen der anderen Gesellschafter vereinen lässt. Das Meer hat sie wieder.

Wie eine Anhalterin verbringt sie ihr restliches Leben damit, von einem Fischkutter zum nächsten zu wechseln, von Saint-Pierre nach Dakar, von Venedig nach Conakry. Wenn man sie fragt, wieso es ihr so leicht gelingt, immer wieder sofort ein Schiff zu finden, antwortet

sie: »Ich habe sehr schnell begriffen, dass man die Seeleute nicht stören darf, daher bemühe ich mich einfach, nie Hunger und nie Durst zu haben, nie zu schwitzen oder zu frieren, nie seekrank zu werden, nie darum zu bitten, sich waschen zu dürfen; das ist alles; ich passe mich einfach an.«

Auf allen Ozeanen hat Anita ihren Fotoapparat dabei. Sie ist keine Künstlerin, doch sie ist aufmerksam, interessiert und auch gerührt von diesen Fischern, die viele für ungehobelt halten. Ihr gelingt es, ihnen für ein Foto ein Lächeln abzuringen, und ihre Bilder strahlen einen solchen Realismus aus, dass man meint, den Seetang riechen zu können. Auch wenn ihre Fotos als Dokumentation gedacht waren, gehören sie zu den schönsten, die je über die Welt der Fischerei gemacht wurden.

Ende der 1950er-Jahre scheint es, als würde sie ihren Seesack wegpacken und endlich von den ihr erwiesenen Ehrungen profitieren. Zwei Jahre lang arbeitet sie an der Seite von Jacques Cousteau für das ozeanografische Museum in Monaco, um unbekannte Arten zu verzeichnen. »Danach ist sie verschwunden«, erzählt Cousteau, der kaum verstehen kann, dass diese Frau sich einfach aus dem Staub macht. Anita Conti ist jedoch losgezogen, um in der Lagune von Venedig Erfahrungen mit Aquakulturen zu sammeln. Anschließend zieht sie weiter. Andere Fischkutter, andere Seeleute, andere Fotos und ein paar Bücher... Erst zu Beginn des Jahres 1980 packt Anita ihren Seesack still und heimlich weg.

Glücklicherweise gelingt es dem jungen, auf das Meer spezialisierten Illustrator Laurent Giraud die inzwischen siebenundneunzigjähri-

ge Frau aufzuspüren und gemeinsam mit ihr ein Archiv einzurichten: vierzigtausend Fotos, ein Dutzend Filme, Logbücher, Briefe. Ihm ist auch die Gründung der Stiftung Cap sur Anita Conti mit Sitz in Douarnenez zu verdanken. Dorthin hat sich Anita Conti zurückgezogen, und die Stadt bemüht sich, das wiederentdeckte Erbe ins rechte Licht zu rücken. Es wird gesagt, dass diese neue Bekanntheit die alte Dame amüsiert habe, die nicht verstehen konnte, dass man ihren Fotos so viel Aufmerksamkeit schenkte. »Das Leben ist selbst im Moment des Todes in Bewegung«, sagte sie. Und: »Das Leben ist voller Überraschungen. Alles geht vorbei, nichts bleibt, und das ist erfreulich.«

Die schönste Hommage nach ihrem Tod 1997 sind die Worte des neufundländischen Kapitäns Jean Recher: »Anita ist die große Schwester der Seeleute. Eine große Schwester, die sich nach dem Verschwinden der Mutter um die große Familie gekümmert hätte.«

Gegenüber, oben: Abladen eines riesigen Manta auf dem Quai von Conakry in Guinea. 1945.
Unten: Fischen mit dem Wurfnetz in Dahomey. Zwischen 1944 und 1947.

Oben: Anita Conti an Bord des ozeanografischen Forschungsschiffs *Président Théodore Tissier* während einer Mission im Golf von Biscaya. 1959.

Oben: In Neufundland während eines Sturms.

Gegenüber: Seeleute des Fischkutters *Men-Gwen* vor Mauretanien. 1942.

Der Horizont, dem wir nachjagen, weicht zurück

»Fotos im Mannschaftsraum.
Ein merkwürdiges Dekor, nur erhellt von je zwei blassen Bullaugen auf jeder Seite. Die Kojen scheinen in die Wand hineingegraben zu sein. In der Mitte ein Tisch, auf dem in wunderschönster Unordnung Kaffeekannen, Tassen, ein Plattenspieler, Schalen, Schnupftabakdosen und zusammengerollte Kleidung liegen. Auf den Bänken sitzen oder vielmehr sind in sich zusammengesackt erschöpfte Männer mit vor Müdigkeit gekrümmtem Rücken. Männer? Eher Wesen, die ihrer Familien beraubt wurden, die Körper eingepackt in dicke Kleidung, bis nichts mehr sichtbar ist außer Händen und Gesicht. Und wenn es kalt ist, leben in den Gesichtern nur noch die Augen. Reduziert auf Gesten und Blicke, eingeschlossen zwischen diesen Metallblechen, die von zweihundertfünfzig Pferdestärken angetrieben werden. Diese Männer, ob von offener Intelligenz oder verbissener Energie, ob mit zärtlichen oder schmutzigen Gedanken, sind immer irgendwie geteilt. Ihre Seelen sind anderswo. Über uns die unendliche Weite. Unter uns ein Spiegel. Und die ›Viking‹ ist auf voller Fahrt. Auf dem Meer gibt es weder Vergangenheit noch Zukunft. Die Spur des Kielwassers verwischt. Der Augenblick bildet das Zentrum, und der Horizont, dem wir nachjagen, weicht zurück, und nichts verweilt jemals.«

Anita Conti. Dame de la mer. Paris, 2001.

»Durch den Ruhm und den Triumph, als erste Frau ein Diplom als Bergbauingenieur erworben zu haben, habe ich völlig den Grund aus den Augen verloren, aus dem ich mich auf dieses etwas außergewöhnliche Studium eingelassen hatte, das mir schließlich eine Stelle in einer Bergbaugesellschaft eingebracht hat.« Dabei ist der Grund genauso wenig banal wie der Titel.

Amerikanerin
1905–1997

Emily Hahn

Sich anmaßend verhalten

Einer ihrer Lehrer hatte vor der Klasse verkündet, das weibliche Gehirn sei unfähig, »die Mechanik und die höhere Mathematik zu verstehen«. Ihm hätte klar sein müssen, dass die junge Emily, die von ihren Freunden »Mickey« genannt wurde, diesen Fehdehandschuh aufgreifen würde. Schließlich bereitete sich die Achtzehnjährige darauf vor, allein mit einer Freundin, die wie sie aus einer ehrenwerten Familie aus Saint-Louis, Missouri, stammte, den amerikanischen Kontinent im Auto zu durchqueren.

Emily hat schnell von der Bergbaugesellschaft genug. Als Frau bekommt sie dort nur eine Büroarbeit weit unter ihren Fähigkeiten. Sie gibt die Stelle auf und wird berittene Fremdenführerin in der Region um Santa Fe. Anschließend lehrt sie in New York Geologie. Dort ergibt sich 1930 die Gelegenheit, nach Afrika zu reisen. Es geht darum, eine Ladung Medikamente zu begleiten, die das Rote Kreuz an seinen Vertreter im Kongo schickt, an einen gewissen Putman, einen Erben aus einer reichen Bostoner Familie, der durch die Heirat mit einer Frau aus dem Stamm der Manguebutu für einen riesigen Skandal gesorgt hatte.

Als Emily im Kongo ankommt, entdeckt sie, dass dieser nicht eine, sondern drei afrikanische Ehefrauen hat und sich zudem ausgesprochen tyrannisch verhält. Sie bleibt zwei Jahre in dem Buschkrankenhaus, für das er verantwortlich ist, bis er schließlich den Bogen überspannt. Als sie ihn beim Haareschneiden um Hilfe bittet, fährt Putman sie an: »Schluss mit den halblangen Haaren! Für dich wie für die anderen Frauen gilt ab jetzt: nur mit der Schermaschine!«

Am nächsten Tag verlässt Emily das Lager. Sie will endlich ein Projekt realisieren, das ihr schon lange vorschwebt: Afrika vom

Vorhergehende Doppelseite, links:
Ein Comic aus einer New Yorker Zeitung über die Abenteuer Emily Hahns. 14. August 1933.
Rechts: Emily Hahn. 1920er-Jahre.

Oben: Postkarte aus dem Kongo.

Gegenüber, oben: Der Hafen von Hongkong. 1930.
Unten links: Eine Opiumhöhle.
Rechts: Sinmay Zau, chinesischer Poet und Liebhaber Emily Hahns.

Westen bis zum Kivusee im Osten zu durchqueren, tausenddreihundert Kilometer durch tropischen Urwald.

Doch Afrika birgt vieles, was Angst macht: Krokodile, Elefantenherden, die Schwierigkeiten, sich zu ernähren, das Risiko desertierender Träger und sogar Sklavenjäger. Zudem reist Emily mit leichtem Gepäck. Da sie Hals über Kopf aufgebrochen ist, hat sie keine adäquate Ausüstung. Und sie macht sich über Warnungen lustig. »Wenn man in jener Zeit im Kongo all die Warnungen ernst nehmen würde, würde man erst gar nicht losreisen«, gesteht sie. »Man musste richtiggehend anmaßend sein. War man nicht bis ins tiefste Innere überzeugt, der oder die Beste zu sein, dann war es besser, sich nichts vorzunehmen.«

Bis zu dieser Zeit hatte sich noch keine Reisende getraut, eine so mangelhafte Vorbereitung einzugestehen, aus Angst, man könnte das für eine typisch weibliche Schwäche halten. Doch die Zeiten hatten sich geändert. Mit guter körperlicher Konstitution, einem standesgemäßen Vertrauen in die Zukunft und einem strahlenden Lächeln vertraut Emily sich ihren sehr sorgfältig ausgesuchten afrikanischen Führern an. »Es führten keinerlei Straßen durch den Urwald, lediglich ein paar Trampelpfade, die wohl zur Hälfte von Elefantenherden gemacht worden waren. Zusätzlich zu Shabani, dem Chef meiner Träger, brauchte ich einen Führer, um mich dort zurechtzufinden. Ich habe einen Pygmäen genommen, weil dieses Volk alles über das Leben der Elefanten weiß. Ein Pygmäe war ein Mann, auf den man sich verlassen konnte.«

Der Kivusee stellt nicht das Ende der Reise da, sondern er ist der Ausgangspunkt für eine weitere. Selbstsicherer denn je wird Emily Hahn zur Vagabundin und skandalumwobenen Person und entspricht damit genau dem mythischen, in Filmen und Büchern stilisierten Bild von der amerikanischen Abenteurerin in den Jahren zwischen den beiden Kriegen: absolut frei, eine Mischung aus Eleganz und Provokation und bereit für neue Erfahrungen jedweder Art.

1935 reist sie mit ihrer Schwester nach Japan, besucht China, macht in Shanghai Halt und wird dort die Konkubine des chinesischen Dichters Sinmay Zau. Sie gibt sich eine Zeit dem Opium hin, besucht regelmäßig Mao Zedong und die Soong-Schwestern und gelangt schließlich nach Hongkong. Dort verliebt sie sich in den Briten Charles Boxer. Der ist verheiratet und Chef des Geheimdienstes –

Back From Hong Kong To Wed Author

MAJOR CHARLES BOXER, AUTHOR EMILY HAHN AND THEIR CHILD
Excited cries of "Daddy, Daddy," greeted him.

Ganz oben, rechts: Emily Hahn mit ihrer Tochter Carola in Hongkong. Oktober 1941.
Oben, links: Emily Hahn und ihr zahmer Affe. 1929.
Rechts: Emily Hahn, Charles Boxer und die gemeinsame Tochter Carola am 22. November 1945 auf dem New Yorker Flughafen.

Gegenüber: Emily Hahn »im Gespräch« mit Affen im Rahmen ihrer Forschungsarbeiten über die Kommunikation im Tierreich. 1978.

ihre Liaison ist ein Skandal. Eine Woche vor dem Angriff auf Pearl Harbor bekommt Emily eine kleine Tochter – Carola. Nach der Besetzung Hongkongs durch die Japaner wird Charles gefangengenommen. Trotz des Risikos wird Emily Mitglied in einem Schmugglernetz, das die rigorosen, von den Besetzern auferlegten Lebensmittelbeschränkungen unterläuft. Dank ihrer guten Kenntnis der asiatischen Kultur sympathisiert sie zum Schein mit den japanischen Offizieren, um ihren Freunden besser helfen zu können – worauf sie, als sie in die USA zurückkehren darf, verdächtigt wird, eine Überläuferin zu sein.

Nach dem Krieg wird sie ruhiger. Sie heiratet Charles Boxer und beschränkt sich auf das Schreiben. Ihr Leben bietet ihr eine solche Materialfülle, dass sie davon lange Zeit bequem leben kann. Im Alter spezialisiert sie sich auf Tierreportagen und fördert vor allem Studien über die Kommunikation unter Tieren. Ein Thema, mit dem sie sich auf ihre Weise gut auskennt, da sie schon lange nur noch mit einem Affen auf der Schulter herumläuft. Der berühmteste heißt »Mr. Mills« und trägt einen Nerzmantel – nur so aus Freude am Skandal.

Melancholie und Vitriol

»Die englische Historikerin Harriet Sergeant schreibt, dass sie während ihrer Forschungen über das Shanghai der 1930er-Jahre entdeckt habe, dass fast alle Interviewpartner eine Anekdote über Emily Hahn erzählen konnten. Die Männer sprachen von ihr mit einer Spur Melancholie, die Frauen mit einer Spur Vitriol. Dabei fehlte es in der europäischen Gemeinschaft Shanghais, die in dieser Zeit sechzigtausend Mitglieder zählte, keineswegs an schillernden Persönlichkeiten. Mickey Hahn war eine der bekanntesten und auffallendsten. Als sich der Regisseur Josef von Sternberg in Shanghai aufhielt, vergaß er nicht, Emily einen riesigen Blumenstrauß zu schicken und sie und Sinmay [ihren chinesischen Liebhaber] zum Essen einzuladen. So berühmt war Mickey.«

Ken Cuthbertson: Nobody Said Not to Go. The Life, Loves and Adventures of Emily Hahn. Boston, 1998.

Die Unermüdlichen

Wider alle Erwartungen bringt das Abenteuer die großen reisenden Frauen nicht um, sondern es hält sie jung! Die meisten von ihnen sind alt, wenn nicht sogar sehr alt geworden. Ella Maillart, Alexandra David-Néel, Freya Stark, Odette du Puigaudeau, Anita Conti, Emily Hahn und andere sind weit über achtzig Jahre alt geworden. Einige von ihnen sind erst mit hundert Jahren friedlich zuhause in ihrem Bett gestorben.

Zuhause? Seit jeher hatten die Abenteurerinnen ein gespaltenes Verhältnis zu ihrem Zuhause! Einige von ihnen haben darauf gewartet, dass Gott sie von ihren familiären Pflichten erlöst, um ihr Elternhaus verlassen zu können, andere haben sich nie von ihren Eltern trennen wollen. Sie nehmen ihren Hausstand mit, schleppen ihre Erzeuger mit auf die Reise, wobei sie ihren Müttern beziehungsweise den weiblichen Verwandten den Vorzug geben, Tanten, Nichten, Schwestern.

Isabella Bird hat gestanden, dass sie niemals die Welt bereist, niemals überlebt haben könnte, wenn man sie ihrer Wurzeln beziehungsweise ihrer anderen Hälfte beraubt hätte – ihrer Schwester Henrietta. Ihr Abenteuer und ihr Werk ruhen auf dem an Henrietta gerichteten Monolog. Ihrem zu Hause gebliebenen Double schickt sie all ihre Briefe von der anderen Seite der Erdkugel und gesteht ihr sämtliche Freuden und Leiden. Miss-Bird-die-Reisende berichtet Miss-Bird-der-Sesshaften permanent Vertraulichkeiten, die eine Symbiose zwischen den beiden Teilen aus dem gleichen Fleisch und Blut erlauben, eine Vereinigung von Abenteuer und Zuhause.

Alexine Tinne konnte sich nicht vorstellen, ohne ihre Mutter in die afrikanische Wüste zu reisen. Sie empfindet das gleiche Bedürfnis nach Einheit, den gleichen Wunsch, ihre beiden geliebten Welten miteinander verschmelzen zu lassen. Die perfekte Seelenverwandtschaft mit ihrer Mutter und ihrer Tante, den Beschützerinnen ihrer Kindheit, zeigt sich beim Teilen von Gefühlen und Entdeckungen während der Reise.

Fanny Stevenson nahm nicht ihre Mutter mit in die Südsee. Als Symbol der Verbindung von Vergangenheit und Gegenwart wählt sie eine Witwe als Begleitung, die bis dahin nichts anderes gekannt hatte als die kalte, gutbürgerliche Atmosphäre Edinburghs: ihre von allen »Tante Maggie« genannte Schwiegermutter Margaret Stevenson, eine respektable alte Dame, die von Fanny zu den Eingeborenen von Samoa verpflanzt wird. Zudem hatte Fanny der Südsee bereits mit ihren eigenen Kindern getrotzt und war mit ihrer Tochter Belle ins Unbekannte aufgebrochen.

Isabelle Eberhardt ist kaum zum Islam konvertiert, als sie ihre Mutter Nathalie de Moerder mitnimmt, um den Koran und Mohammed zu entdecken: Nathalie ruht heute unter dem Namen Fatima Manubia auf einem islamischen Friedhof.

Diesen Wunsch, nicht alle Familienbande hinter sich abzubrechen und den Kontakt zu den geliebten Menschen in der Heimat nicht zu verlieren, müssen die großen Abenteurerinnen manchmal teuer bezahlen. Während ihrer Reisen verliert Fanny einen ihrer kleinen Söhne. Alexines Mutter, ihre Tante und ihre beiden Zofen sterben unterwegs unter schrecklichen Bedingungen an Fieber. Weder Alexine noch Fanny erholen sich je wieder von ihren Schuldgefühlen und sind deshalb nie wieder nach Holland beziehungsweise nach Indiana zurückgekehrt.

Sie gehören zu den wenigen Reisenden, die sich weigerten zurückzukehren. Wie viele von ihnen wählten eine zur Heimat konträre Gegend als letzte Wohnstatt? Nur sehr wenige! Die großen Abenteurerinnen werden in der Fremde nicht sesshaft, und auch der Tod rafft sie nicht unterwegs dahin. Nur Isabelle Eberhardt stirbt weit, weit entfernt von ihrem Heimatland Schweiz. Ebenso Alexine Tinne, Mary Kingsley und Gertrude Bell. Vier große Damen, die das Schicksal in Gestalt von gewalttätigen Männern und von Naturkatastrophen mitten im Leben ereilt. Alle anderen kehren nach Hause zurück. Selbst Alexandra David-Néel, Ella Maillart und Anita Conti!

Auf welche Ziele richteten sie ihre unglaubliche Energie, nachdem sie so reiche Erfahrungen gesammelt und ihren Horizont so erweitert hatten? Wie konnten sie wieder daheim in der Welt ihrer Kindheit überleben, die ihnen gleichzeitig so vertraut und so fremd war? Hatten sie Fernweh? Verloren sie den Boden unter den Füßen? Was fingen sie mit sich selbst an?

Auf all diese Fragen gibt es nur eine einzige Antwort: Sie machen weiter. Sie alle reisen weiter, vertiefen die für sie charakteristische Suche nach dem Absoluten und schaffen es, mit ihrem Schreiben das zu vollenden, weshalb sie zurückgekommen waren: ihr Wissen weiterzugeben.

Die Notwendigkeit, die Fackel weiterzutragen, erklärt, warum einige von ihnen wieder traditionelle Familienbande anknüpfen oder einen auserwählten Jungen oder ein Mädchen adoptieren und diese dann zu ihren Nachfolgern erklären. So wählen Anita Conti

oder Alexandra David-Néel ihre potentiellen Nachfolger aus den jungen Leuten aus, die ihre Arbeit unterstützten und begleiteten sowie ihre spirituellen Erben sein wollten. Freya Stark gesteht, dass »das Alter im Großen und Ganzen sanfter kommt für all jene, die einen Zugang zu einer geistigen Ebene haben, wo die Jahre keine Rolle spielen und sich alte und junge Menschen im blassen Schein der Wahrheit begegnen können«.

Vorträge, Veröffentlichungen, Ausstellungen – indem sie ihr Wissen mit der Jugend teilen, knüpfen die großen Abenteurerinnen den Ariadnefaden, ordnen sie ihre Gedanken, strukturieren sie ihre Erinnerungen und feiern für alle Zeiten den Sieg der Intelligenz und der Gedankenfreiheit. Dieses Abenteuer erleben und durchleben sie zu Hause. Sie brauchen die Fremde nicht mehr, um höher oder weiter zu gelangen, um außerhalb aller bekannter Welten zu suchen, um das Ziel aller Reisen zu erreichen, nämlich um Abgeklärtheit zu erlangen.

Glücklich all jene, die ihre Träume verwirklicht haben.

Glücklich all jene, die gelebt haben, bevor sie sterben.

Erinnern sich die großen Abenteurerinnen, erfüllt von diesen beiden großartigen Glücksgefühlen, an die unzähligen Frauen, denen der Himmel keinen Wunsch erfüllt hat? Die Stillen, die Unsichtbaren, die Vergessenen. All die Pionierinnen, die von der Geschichte und der Welt vergessen worden sind.

Hier soll und muss an sie erinnert werden.

Was machten diese Reisenden, deren Abenteuer vielleicht an Größe den Mut der berühmtesten Heldinnen wie Gertrude Bell oder Alexandra David-Néel übertroffen haben? Die 1850 verhungerten Irländerinnen, die in den 1890er-Jahren von ihrem unfruchtbaren Boden vertriebenen Sizilianerinnen, die zu Beginn des 20. Jahrhunderts in Australien deportierten Waisenkinder, die Ehefrauen bescheidener Beamter, die an die Grenzen der Kolonialreiche geschickt wurden. Sie alle sind in den Mahlstrom der Völker geraten, der das Jahrhundert der Kolonisation und Emigration zwischen 1850 und 1950 geprägt hat.

Diese denkwürdigen Pionierinnen treiben manchmal ihre Ehemänner dazu, in der Ferne eine bessere Zukunft zu suchen, manchmal brechen sie allein auf, um eine Arbeit oder einen Mann zu finden. Sie marschieren wochen-, wenn nicht monatelang, schlafen auf den billigen Zwischendecks dreckiger Schiffe, bringen ihre Kinder in Zelten oder am Strand oder in einer Kutsche zur Welt. Sie verteidigen mit dem Gewehr in der Hand ihre Kinder und ihre kleine Ranch im Niemandsland. Sie warten wochenlang in einer kleinen einsamen Waldhütte in Malaysia auf die Rückkehr ihres Mannes, der als Kundschafter für die Armee unterwegs ist. Sie leiten eine Plantage in Neuguinea, überqueren den Pazifik, um den elftausend Kilometer entfernten Mann zu treffen, den sie zuvor per Post geheiratet hatten, richten kleine Läden in den Baracken der Minenarbeiter von Klondike ein oder arbeiten als Krankenschwester in der Kalahari.

Von diesen Abenteurerinnen kennt man kaum den Namen und kein Buch, denn sie haben nicht geschrieben – außer gelegentlich ihren Familien. Und da sie nichts Schriftliches hinterlassen haben, hat man das Gefühl, sie hätten nie existiert, zumindest nicht als Individuen. Für die Historiker gelten sie als namenlose Masse, die in den globalen Migrationsströmen untergegangen ist. Für die anderen existieren sie überhaupt nicht oder werden aus dem kollektiven Bewusstsein gestrichen. Wie sonst ließe sich erklären, dass zur gleichen Zeit im begüterten Paris oder London eine Frau als besonders fragil gilt: Eine echte Dame fällt bei der kleinsten heftigen Gemütsregung in Ohnmacht, ist nicht in der Lage, auch nur die geringste Indisposition zu überstehen, wird beim Anblick auch nur des kleinsten Fleckchens nackter männlicher Haut sofort krank vor Scham – während sich gleichzeitig Scharen von Frauen mit nackten Füßen, sonnenverbrannter Haut und vom Wandern, vom Reiten oder vom Tragen eines Gewehrs gestählten Muskeln in den Wüsten, auf den Meeren und in den Urwäldern tummeln?

Bedauerlich, dass es unter diesen namenlosen Amazonen nur sehr wenige Frauen gibt, die ihre alltäglichen Abenteuer schriftlich festgehalten haben. Zweifellos hätten ihre bescheidenen Geschichten den gleichen Wert wie die der berühmtesten (männlichen) Forscher. Und zweifellos wären auch sie im hohen Alter, umringt von ihren zahlreichen Enkeln – denn sie waren nicht nur zäh, sondern auch fruchtbar –, zu dem gleichen Schluss gekommen wie die damals fünfundneunzigjährige Anita Conti:

»Die Frauen sind unermüdlich!«

Alexandra Lapierre & Christel Mouchard

Anmerkungen

Die am Ende der einzelnen Abschnitte genannten Quellen werden hier nicht noch einmal aufgeführt.

Die Frau im Kostüm des Pagen erregt seit jeher die Fantasie
Zitat Isabelle Bird: Barr 1970.
Zitat Odette du Puigaudeau: Puigaudeau 2003.
Zitat May French Sheldon: French Sheldon 1999.
Zitat Freya Stark: Geniesse 2001.
Zitat André Malraux: Malraux 1996.
Zitat Annemarie Schwarzenbach: Miermont 2008.
Zitat Anita Conti: Reverzy 2001.

Catalina de Erauso
Alle Zitate: Dronsart 1894.
Die letzte romanhafte Adaption ihres Lebens ist Eduardo Manet: La Conquistadora. Paris, 2006.

Isabel Godin des Odonais
*Der erste Biograf war Jean Godin des Odonais selbst, den Charles de La Condamine gebeten hatte, einen Bericht über das Abenteuer seiner Frau zu schreiben: Godin des Odonais 1778. Darauf beruhen alle folgenden Lebensschilderungen, zum Beispiel Dronsart 1894, Grandmaison 1830 und Blacpain 1971.

Ida Pfeiffer
Beide Zitate: Oscar Pfeiffer 1861.
*Königin Ranavalona, die von 1828 bis 1861 ein grausames Regiment führte, war Europäern gegenüber sehr feindselig. Da die Franzosen in ihrem jüngsten Sohn einen aufgeschlosseneren Gesprächspartner sahen, versuchten sie, die Königin zu stürzen und den Sohn an ihre Stelle zu setzen. Ida Pfeiffer, die mit Franzosen unterwegs war, ergriff unvorsichtigerweise Partei gegen Ranavalona.

Alexine Tinne
Alle Zitate: Gladstone 1970.

Mary Seacole
Alle Zitate: Seacole 1990.

Florence Baker
Alle Zitate: Baker 1972.
*Siehe Shipman 2005. Eher der Familienlegende entspricht die Darstellung einer Verwandten: Baker 1972.
**Charles Delmé-Radcliffe und der Anthropologe F. K. Girling.

Isabella Bird
Alle Zitate: Barr 1970.

May French Sheldon
Alle Zitate: Sheldon 1999.

Jane Dieulafoy
Zitat: Gran-Aymeric 1991.
*Gesammelt in Dieulafoy 1990.

Fanny Stevenson
Erstes und drittes Zitat: Lapierre 1998.
Zweites Zitat: Sanchez 1920.

Mary Kingsley
Erstes, zweites und fünftes Zitat: Frank 1987.
Drittes und viertes Zitat: www.royalafricansociety.org.

Fanny Bullock Workman
Alle Zitate: Middleton 1965.

Zwischen zwei Welten
Zitat Proust: Proust 2003.
Erstes und zweites Zitat Alexandra David-Néel: Chalon 2001.
Zitat Ella Maillart: www.ellamaillart.ch.
Zitat Vita Sackville-West: Sackville-West 1990.
Zitat Isabelle Eberhardt und drittes Zitat Alexandra David-Néel: Reverzy 2001.
Zitat Gertrude Bell: Wallach 2003.

Gertrude Bell
Zweites bis achtes Zitat: Goodman 1985.
Übrige Zitate: Winstone 1978.

Margaret Fountaine
Alle Zitate: Fountaine 1983.

Daisy Bates
Alle Zitate: Blackburn 1999.

Isabelle Eberhardt
Alle Zitate: Eberhardt 2002.

Charmian Kittredge
Alle Zitate: Kingman 1979.

Alexandra David-Néel
Alle Zitate mit Ausnahme des sechsten: David-Néel 1979.
Sechstes Zitat: Chalon 2001.

Frei und leicht
Erstes Zitat Alexandra David-Néel und Zitat Anita Conti: Reverzy 2001.
Zweites Zitat Alexandra David-Néel: Chalon 2001.
Alle Zitate Odette du Puigaudeau: Vérité 1992.
Alle Zitate Karen Blixen: Blixen 2003.

Freya Stark
Alle Zitate: Moorehead 1986.

Karen Blixen
Erstes Zitat: Blixen 2003.
Zweites und drittes Zitat: Thurman 2002.

Evelyn Cheesman
Erstes und zweites Zitat: Polk/Tiegreen 2003.
Drittes Zitat: Cheesman 1960.

Rosita Forbes
Erstes und zweites Zitat: www.ahram.org.eg.
Drittes Zitat: Birkett 2004.

Margaret Mead
*Vgl. Lois W. Banner: Intertwined lives. Margaret Mead and Ruth Benedict and their circle. New York, 2003.

Ella Maillart
Erstes, viertes und siebtes Zitat: Weber 2004.
Zweites Zitat: www.ellamaillart.ch.
Drittes Zitat: Reverzy 2001.
Zehntes Zitat: Maillart 2001.
Elftes Zitat: Maillart 2006.
Die übrigen Zitate: Maillart 2003.
*Die riesigen Buddhas von Bamian in Afghanistan wurden 2001 durch die Taliban zerstört.

Odette du Puigaudeau
Alle Zitate: Verité 1992.

Anita Conti
Erstes Zitat: Reverzy 2001.
Zweites und drittes Zitat: Anita Conti. Videokassette.

Emily Hahn
Alle Zitate: Cuthbertson 1998.

Die Unermüdlichen
Zitat Freya Stark: www.brainyquote.com.

Auswahlbibliografie

Weitere Literaturangaben finden sich in: Milbry Polk, Mary Tiegreen: Frauen erkunden die Welt. Entdecken, forschen, berichten. München, 2003.

Ahrens, Helmut: Die afrikanischen Jahre der Tania Blixen. Eine biografische Skizze. Düsseldorf, 2003.

Baker, Anne: Morning Star. London, 1972.

Baker, Samuel: The Albert N'Yanza. Great Basin of the Nile, and Explorations of the Nile Sources. London, 2005.

Barr, Pat: A Curious Life for a Lady. The Story of Isabella Bird. New York, 1970.

Behn, Aphra: Oroonoko oder der königliche Sklave. Eine wahre Geschichte. München, 1995.

Birkett, Dea: Off the Beaten Tracks. London, 2004. Ausstellungskatalog.

Blackburn, Julia: Daisy Bates in der Wüste. Eine Frau bei den Aborigines. Berlin, 1999.

Blacpain, Marc: Le plus long amour. Paris, 1971.

Blixen, Karen [Tania Blixen]: Afrika, dunkel, lockende Welt/Jenseits von Afrika. Reinbek, 2003.

Blixen, Karen: www.karenblixen.com.

Bly, Nellie: Around the World in Seventy-Two Days. New York, 1890, erneut New Delhi, 2003.

Bly, Nellie: www.nelliebly.org.

Boas, Frank: Brief an Margaret Mead vom 14. Juli 1925. Letters of Margaret Mead. Library of Congress, Washington, DC.

Brennecke, Detlef: Tania Blixen. Reinbek, 1996.

Chalon, Jean: Alexandra David-Néel. Das Porträt einer Unbezähmbaren. München, 2001.

Cheesman, Evelyn: Time Well Spent. London, 1960.

Anita Conti. Dame de la mer. Paris, 2001. Ausstellungskatalog.

[Anita Conti] Association Cap sur Anita Conti. Anita Conti. Femme océan. Videokassette.

Cuthbertson, Ken: Nobody Said Not to Go. The Life, Loves and Adventures of Emily Hahn. Boston, 1998.

David-Néel, Alexandra: Mein Weg durch Himmel und Höllen. Das Abenteuer meines Lebens. Frankfurt, 2004.

David-Néel, Alexandra: Mein Leben auf dem Dach der Welt. Reisetagebuch 1918–1940. München, 2001.

David-Néel, Alexandra: Wanderer mit dem Wind. Reisetagebücher in Briefen 1904–1917. Leipzig, 1979.

David-Néel, Alexandra: www.alexandra-david-neel.org

Dieulafoy, Jane: En mission chez les immortels. Journal des fouilles de Suse, 1884–1886. Paris, 1990.

Dronsart, Marie: Les grandes voyageuses. Paris, 1894.

Eberhardt, Isabelle: Sandmeere 1 und 2 [Sämtliche Werke]. Reinbek, 2004 und 1983.

Eberhardt, Isabelle: Briefe, Tagebuchblätter, Prosa. Basel, 2002.

Fleming, Peter: Tataren-Nachrichten. Ein Spaziergang von Peking nach Kaschmir. Frankfurt, 1995.

Forbes, Rosita: The Secret of the Sahara: Kufara. London, 2000.

Foster, Barbara, Michael Foster: Alexandra David-Néel. Die Frau, die das verbotene Tibet entdeckte. Freiburg, 2003.

Fountaine, Margaret: Ich sammle nicht nur Schmetterlinge. Reisen und Abenteuer einer viktorianischen Lady. Wien, 1983.

Frank, Katherine: A Voyager Out. The Life of Mary Kingsley. London, 1987.

Geniesse, Jane F.: Passionate Nomad. The Life of Freya Stark. London, 2001.

Gladstone, Penelope: Travels of Alexine. London, 1970.

Godin des Odonais, Jean: Relation du voyage de Madame Godin, son épouse. Lettre à Charles de La Condamine. Paris, 1778.

Goodman, Susan: Gertrude Bell. London, 1985.

Gran-Aymeric, Ève, Jean Gran-Aymeric: Jane Dieulafoy. Une vie d'homme. Paris, 1991.

Grandmaison, Félix de: Un drame inconnu. Aventures de Madame Godin des Odonais, née Isabelle de Casamayor y Bruno. Saint-Amand-Montrond, 1830.

Habinger, Gabriele: Eine Wiener Biedermeierdame erobert die Welt. Die Lebensgeschichte der Ida Pfeiffer (1797–1858). Wien, 2003.

Hodgson, Barbara: Die Krinoline bleibt in Kairo. Reisende Frauen 1650 bis 1990. Hildesheim, 2007.

Hodgson, Barbara: Die Wüste atmet Freiheit. Reisende Frauen im Orient 1717 bis 1930. Hildesheim, 2006.

Johnson, Osa: I Married Adventure. The Life and Adventures of Martin and Osa Johnson. New York, 1940.

Keay, Julia: Mehr Mut als Kleider im Gepäck. Frauen reisen im 19. Jahrhundert durch die Welt. Geschichten von weiblicher Entdeckerfreude und Abenteuerlust jenseits aller Konventionen. München, 2007.

Kingman, Russ: A Pictorial Life of Jack London. New York, 1979.

Kingsley, Mary: Lecture Given to the Cheltenham Ladies College; zitiert nach Mary Davies unter www.royalafricansociety.org.

Kingsley, Mary: Die grünen Mauern meiner Flüsse. Aufzeichnungen aus Westafrika. München, 1992.

Lapierre, Alexandra: Die Vagabundin. Fanny Stevenson und die *Schatzinsel*. Frankfurt, 1998.

Lasson, Frans, Clara Selborn: Tania Blixen. Ihr Leben in Dänemark und Afrika. Eine Bildbiographie. Stuttgart, 1987.

Maillart, Ella: Auf kühner Reise. Von Moskau in den Kaukasus. Basel, 2006.

Maillart, Ella: Der bittere Weg. Mit Annemarie Schwarzenbach unterwegs nach Afghanistan. Basel, 2001.

Maillart, Ella: Ti-Puss. Mit einer Katze allein durch Indien. Berlin, 2006.

Maillart, Ella: Verbotene Reise. Von Peking nach Kaschmir. Basel, 2003.

Maillart, Ella: Turkestan solo. Eine abenteuerliche Reise ins Ungewisse. München, 2001.

Maillart, Ella: www.ellamaillart.ch.

Malraux, André: Œuvres complètes. Vol. 2. Paris, 1996; zitiert nach Sylvain Venayre: La gloire et l'aventure, genèse d'une mystique moderne, 1850–1940. Paris, 2002.

Mead, Margaret: Brombeerblüten im Winter. Ein befreites Leben. Reinbek, 1978.

Mead, Margaret: Jugend und Sexualität in primitiven Gesellschaften: Teil 1: Kindheit und Jugend in Samoa. Teil 2: Kindheit und Jugend in Neuguinea. Teil 3: Geschlecht und Temperament in drei primitiven Gesellschaften. München, 2001.

Middleton, Dorothy: Victorian Lady Travellers. London, 1965.

Miermont, Dominique-Laure: Annemarie Schwarzenbach. Eine beflügelte Ungeduld. Zürich, 2008.

Moorehead, Caroline: Freya Stark. Harmondsworth, 1986.

Mouchard, Christel: Es drängte sie, die Welt zu sehen. Unentwegte Reisende des 19. Jahrhunderts. Berlin, 1990.

Pfeiffer, Ida: Eine Frau fährt um die Welt. Wien, 2005.

Pfeiffer, Ida: Verschwörung im Regenwald. Basel, 1999.

Pfeiffer, Oscar: La Vie d'Ida Pfeiffer. In: Edouard Charton (Hg.): Le Tour du Monde. Nouveau Journal des Voyages. Paris, 1861.

Polk, Milbry, Mary Tiegreen: Frauen erkunden die Welt. Entdecken, forschen, berichten. München, 2003.

Proust, Marcel: Auf der Suche nach der verlorenen Zeit. Frankfurt, 2003.

Puigaudeau, Odette du: Barfuss durch Mauretanien. Zwei wagemutige Abenteuerinnen durchqueren die Wüste. München, 2006.

Reverzy, Catherine: Femmes d'aventure. Du rêve à la réalisation de soi. Paris, 2001.

Sackville-West, Vita: Zwölf Tage in den Bakhtiari-Bergen. Eine Reiseerzählung. Frankfurt, 1990.

Sanchez, Nellie: The Life of Mrs. Robert Louis Stevenson. New York, 1920.

Seacole, Mary: The Wonderful Adventures of Mrs. Seacole in Many Lands. New York, 1990.

Seacole, Mary: www.maryseacole.com.

Sheldon, May French: Sultan to Sultan. Manchester, 1999.

Shipman, Pat: Mit dem Herzen einer Löwin. Lady Florence Baker und ihre Suche nach den Quellen des Nils. München, 2005.

Stark, Freya: Durch das Tal der Mörder. Reisen in Persien zu Beginn der 1930er Jahre. Wien, 2001.

Stevenson, Robert Louis: Selected Letters. Hrsg. von Ernest Mehew. New Haven, 2001.

Stone, Irving: Zur See und im Sattel. Das abenteuerliche Leben Jack Londons. München, 1978.

Thurman, Judith: Tania Blixen. Ihr Leben und Werk. Reinbek, 2002.

Todd, Janet: The Secret Life of Aphra Behn. London, 2000.

Vérité, Monique: Odette du Puigaudeau. Une bretonne au désert. Paris, 1992.

Wallach, Janet: Königin der Wüste. Das außergewöhnliche Leben der Gertrude Bell. München, 2003.

Weber, Olivier: Je suis de nulle part. Sur les traces d'Ella Maillart. Paris, 2004.

Winstone, Harry V. F.: Gertrude Bell. London, 1978.

Bildnachweis

Umschlagvorderseite: Martin and Osa Johnson Safari Museum / *Seite 1:* Anita Conti, Agence Vu / Inhalt: Bibliothèque nationale de France / *Seite 5:* Privatsammlung / *Seite 6:* The British Museum Company, London / *Seite 9:* Musée d'Orsay, Paris, Foto RMN, Hervé Lewandowski / *Seite 10:* Bibliothèque nationale de France, Paris, Lauros, Giraudon, Bridgeman Giraudon / *Seite 11:* Marie Dronsart, Les Grandes Voyageuses, Hachette et Cie, 1898 / *Seite 12:* Kloster von Mercedes, Cuzco, Peru, Paul Maeyaert, Bridgeman Giraudon / *Seite 13:* Ansicht von Cuzco: Marie Dronsart, Les Grandes Voyageuses, op. cit. Die Anden: Privatsammlung, Bridgeman Giraudon / *Seite 14:* Bibliothèque nationale de France, Paris, Archives Charmet, Bridgeman Giraudon / *Seite 15:* St. Hilda's College, Oxford, Bridgeman Giraudon / *Seite 16:* Erhängter Sklave: Privatsammlung, Sammlung Stapleton, Bridgeman Giraudon. Plantage in Surinam: Bibliothèque des Arts décoratifs, Paris, Archives Charmet, Bridgeman Giraudon. Sklavenfamilie: Collection Stapleton, Bridgeman Giraudon / *Seite 17:* National Portrait Gallery, London / *Seite 18:* Bibliothèque Sainte-Geneviève, Paris, Archives Charmet, Bridgeman Giraudon / *Seite 19:* Bibliothèque nationale de France / *Seite 20:* Ansicht von Lima: Collection Stapleton, Bridgeman Giraudon. Brasilianischer Urwald: Privatsammlung, Whitford & Hughes, London, Bridgeman Giraudon. Tapirjagd: Privatsammlung, Bridgeman Giraudon / *Seite 21:* Marie Dronsart, Les Grandes Voyageuses, op. cit. / *Seite 22:* Royal Botanic Garden, Kew / *Seite 23:* Pat Barr, A Curious Life for a Lady, Secker & Warburg, 1970 / *Seiten 28–29:* Time Life Pictures, Getty Images / *Seite 30:* Le Tour du monde, nouveau journal des voyages, Librairie Hachette et Cie, Paris, 1861 / *Seite 31:* Marie Dronsart, Les Grandes Voyageuses, op. cit. / *Seiten 32–33:* Ida Pfeiffer, Voyage d'une femme autour du monde, Mégard et Cie, 1888 / *Seite 34:* Marie Dronsart, Les Grandes Voyageuses, op. cit. / *Seite 35:* Ida Pfeiffer, Visit to Iceland, Ingram, Cook and Co., 1852 / *Seite 36:* Le Tour du monde, nouveau journal des voyages, Librairie Hachette et Cie, Paris, 1871 / *Seite 37:* Foto Imagno, Getty Images / *Seite 38:* Postkarte: Privatsammlung. Stich: Marie Dronsart, Les Grandes Voyageuses, op. cit. / *Seite 39:* Privatsammlung / *Seite 40:* Porträt von Alexine Tinne: Marie Dronsart, Les Grandes Voyageuses, op. cit. Sumpfgebiet von Bahr el-Ghazal: Le Tour du monde, nouveau journal des voyages, Librairie Hachette et Cie, Paris, 1871 / *Seite 41:* Le Tour du monde, nouveau journal des voyages, Librairie Hachette et Cie, Paris, 1871 / *Seite 42:* Wilfried Westphal, Tochter des Sultans, Torbecke, Stuttgart / *Seite 43:* Privatsammlung / *Seite 44:* Privatsammlung, Bridgeman Giraudon / *Seite 44:* Sammlung Amoret Tanner, Fotolibra / *Seite 46:* Kingston: Privatsammlung, Foto Christie's Images, Bridgeman Giraudon. Porträt von Mary Seacole: Privatsammlung, Bridgeman Giraudon / *Seite 47:* Die Landenge von Panama: Sammlung der New-York Historical Society, Bridgeman Giraudon. Der Urwald Panamas: Agence Roger-Viollet / *Seiten 48–49:* Privatsammlung, Bridgeman Giraudon / *Seite 50:* Porträt der Soldaten: Foto RMN. Hafen von Bakalawa: Roger Fenton, Getty Images / *Seite 51:* Museum of London / *Seite 52:* Bibliothèque nationale de France / *Seite 53:* Bibliothèque nationale de France / *Seite 54:* Agence Roger-Viollet / *Seite 55:* Sir Samuel W. Baker, Le Lac Albert, Hachette, 1869 / *Seite 56:* Royal Geographical Society / *Seite 57:* Sir Samuel W. Baker, Le Lac Albert, op. cit. / *Seite 58:* Isabella Bird, A Lady's Life in the Rocky Mountains, Virago Travellers, 1982 / *Seite 59:* Royal Geographical Society / *Seite 60:* Bibliothèque nationale de France / *Seite 61:* Bibliothèque nationale de France. Zwei Ainus: Mary Dronsart, Les Grandes Voyageuses, op. cit. / *Seite 62:* Isabella Bird in Reisekleidung: Pat Barr, A Curious life for a Lady, op. cit. Trapper in Colorado: John K. Hillers, Corbis / *Seite 63:* Privatsammlung, Bridgeman Giraudon / *Seite 64:* Frances Elizabeth Williard, Occupations for Women, Cooper Union, New York, 1897 / *Seite 65:* Corbis / *Seite 66:* May French Sheldon, Sultan to Sultan, Arena Publishing, Boston, 1892 / *Seite 67:* Privatsammlung / *Seite 68:* May French Sheldon, Sultan to Sultan, op. cit. / *Seite 69:* Privatsammlung / *Seite 70:* Royal Botanical Gardens, Kew / *Seiten 71–72:* Royal Botanical Gardens, Kew, Bridgeman Giraudon / *Seite 73:* Privatsammlung / *Seite 74:* Le Tour du monde, nouveau journal des voyages, Librairie Hachette et Cie, Paris, 1887 / *Seite 75:* Photothèque Hachette Livre / *Seiten 76–77:* Le Tour du monde, nouveau journal des voyages, Librairie Hachette et Cie, Paris, 1883, 1888 / *Seite 78:* Agence Roger-Viollet / *Seite 79:* Le Tour du monde, nouveau journal des voyages, Librairie Hachette et Cie, Paris, 1886 / *Seite 80:* Le Tour du monde, nouveau journal des voyages, Librairie Hachette et Cie, Paris, 1887 / *Seite 81:* Le Tour du monde, nouveau journal des voyages, Librairie Hachette et Cie, Paris, 1888 / *Seite 82:* Privatsammlung, Bridgeman Giraudon / *Seite 83:* Beinecke Rare Book and Manuscript Library, University of Yale / *Seite 84:* Robert Louis Stevenson auf seiner Yacht: Hachette Photos Presse. Porträt von Fanny Stevenson: The Writers Museum, Lady Stair's House, Edinbourgh / *Seite 85:* Agence Roger-Viollet / *Seite 86:* The Writers Museum, Lady Stair's House, Edinbourgh / *Seite 87:* Rischgitz, Stringer, Getty Images / *Seiten 88–90:* Bibliothèque nationale de France / *Seiten 91–92:* Reinhold Thiele, Stringer, Getty Images / *Seite 93:* Royal Geographical Society / *Seite 94:* Bibliothèque nationale de France / *Seite 95:* Topical Press Agency, Getty Images / *Seite 96:* Fanny Bullock Workman in Puri und mit Fahrrad: William Hunter Workman and Fanny Bullock, Through Town and Jungle, T. Fisher Unwin, London, 1904. Fanny Bullock Workman im Zelt: Bibliothèque nationale de France / *Seiten 97–99:* Bibliothèque nationale de France / *Seite 100:* Reproduktion mit freundlicher Genehmigung der Huntington Library, San Marino, Kalifornien / *Seite 102:* Sammlung Linda Champanier / *Seite 107:* University of Adelaide Library, Australien / *Seite 108:* Newcastle University / *Seite 109:* Reproduktion mit freundlicher Genehmigung von Lady Margaret Hall, Oxford / *Seite 110:* Gertrude Bell vor dem Zelt: Newcastle University. Gertrude Bell auf dem Kamel: Royal Geographical Society / *Seite 111:* Newcastle University / *Seite 112:* Hachette Photos Presse / *Seite 113:* Konferenz von Kairo: Newcastle University. Porträt von Gertrude Bell: Hulton Archive, Stringer, Getty Images / *Seite 114:* Treffen zwischen Ibn Saud und Sir Cox: Mansell, Stringer, Time & Life Pictures, Getty Images. Gertrude Bell in Babylon: Newcastle University / *Seite 115:* Newcastle University / *Seiten 116–117:* Norfolk Museums & Archaeology Service / *Seite 118:* Privatsammlung / *Seite 119:* Cassell's Book of European Butterflies / *Seite 120:* Tagebuch von Margaret Fountaine: Mit freundlicher Genehmigung des Natural History Museum, London. Abbildungen: Norfolk Museums & Archaeology Service / *Seite 121:* Norfolk Museums & Archaeology Service / *Seite 122:* Foto Express Newspapers, Getty Images / *Seite 123:* Bild B 6799, mit freundlicher Genehmigung der State Library of South Australia / *Seite 124:* Bibliothèque nationale de France / *Seite 125:* University of Adelaide Library, Australien / *Seite 126:* Hulton-Deutsch Collection, Corbis / *Seite 127:* Daisy Bates mit Aborigenes: National Library of Australia. Aborigenesmänner: Bettmann, Corbis / *Seiten 128–129:* PNA Rota, Hulton Archive, Getty Images / *Seite 130:* Schenectady Museum, Hall of Electrical History Foundation, Corbis / *Seiten 131–132:* Bettmann, Corbis / *Seite 133:* Schnellzug: MPI, Hulton Archive, Getty Images. Postkarte: Privatsammlung / *Seite 134:* Sammlung Linda Champanier / *Seite 135:* Bettmann, Corbis / *Seite 136:* Privatsammlung / *Seite 137:* Sammlung Abdul-Wahb / *Seite 138:* Postkarten: Privatsammlung. Porträt von Isabelle Eberhardt: Agence Roger-Viollet / *Seiten 139–141:* Privatsammlung / *Seite 142:* Time & Life Pictures, Getty Images / *Seite 143:* Mit freundlicher Genehmigung der Bancroft Library, University of California, Berkeley / *Seite 144:* Junge Frau auf Hawaii und Salomoninseln: Hulton-Deutsch Collection, Corbis. Melanesische Boote: Bettmann, Corbis / *Seite 145:* Mit freundlicher Genehmigung der Bancroft Library, University of California, Berkeley / *Seite 146:* Die *Snark:* Reproduktion mit freundlicher Genehmigung der Huntington Library, San Marino, Kalifornien. Porträts von Charmian Kittredge und Jack London: Mit freundlicher Genehmigung der Bancroft Library, University of California, Berkeley / *Seite 147:* Reproduktion mit freundlicher Genehmigung der Huntington Library, San Marino, Kalifornien / *Seite 148:* Charmian Kittredge auf den Salomoninseln: Reproduktion mit freundlicher Genehmigung der Huntington Library, San Marino, Kalifornien. Passagiere auf der *Snark:* Mit freundlicher Genehmigung der Bancroft Library, University of California, Berkeley / *Seite 149:* Mit freundlicher Genehmigung der Bancroft Library, University of California, Berkeley / *Seite 150:* Jean-Marc Porte / *Seiten 151–153:* Fondation Alexandra David-Néel / *Seite 154:* Dorf in Tibet: Jean-Marc Porte. Alexandra David-Néel: Fondation Alexandra David-Néel / *Seiten 155–157:* Fondation Alexandra David-Néel / *Seite 158:* Anita Conti, Agence Vu / *Seite 160:* Martin and Osa Johnson Safari Museum / *Seite 165:* The Royal Library, Kopenhagen / *Seiten 166–167:* The John Murray Archive / *Seite 168:* Porträt von Freya Stark: The John Murray Archive. Jemenitische Mädchen: St. Anthony's College, Oxford / *Seite 169:* The John Murray Archive / *Seite 170:* St. Anthony's College, Oxford / *Seite 171:* Sultan von Seiyun: St. Anthony's College, Oxford. Freya Stark in der Hängematte: Hulton Archive, Getty Images. Porträt von Freya Stark: The John Murray Archive / *Seite 172:* Mit freundlicher Genehmigung von Random House, Inc. / *Seite 173:* The Royal Library, Kopenhagen / *Seite 174:* Karen Blixen auf Löwenjagd: Hulton Archive, Getty Images. Porträt von Karen Blixen: The Royal Library, Kopenhagen / *Seite 175:* Royal Geographical Society, London, Bridgeman Giraudon / *Seite 176:* Hulton Archive, Getty Images / *Seiten 177–178:* The Royal Library, Kopenhagen / *Seite 179:* Hulton Archive, Getty Images / *Seite 180:* Evelyn Cheesman, Time Well Spent, Travel Book Club, 1960 / *Seite 181:* Mit freundlicher Genehmigung des Natural History Museum, London / *Seite 182:* Privatsammlung / *Seite 183:* Fotograf Didier Pruvot, Musée du Quai Branly, Paris / *Seite 184:* Mit freundlicher Genehmigung des Natural History Museum, London / *Seite 185:* Vorlage Bibliothèque centrale du Museum national d'histoire naturelle, Paris, 2007 / *Seite 186:* Rosita Forbes, The Secret of the Sahara: Kufara, Cassel, London, 1921 / *Seite 187:* National Portrait Gallery, London / *Seite 188:* Rosita Forbes, The Secret of the Sahara Kufara, op. cit. / *Seite 189:* Fox Photos, Hulton Archive, Getty Images / *Seiten 190–191:* Rosita Forbes, The Secret of the Sahara: Kufara, op. cit. / *Seiten 192–197:* Mit freundlicher Genehmigung des Institute for Intercultural Studies / *Seite 198:* Margaret Mead und Gregory Bateson: Mit freundlicher Genehmigung des Institute for Intercultural Studies. Samoanisches Ehepaar: The Writers Museum, Lady Stair's House, Edinbourgh / *Seite 199:* Mit freundlicher Genehmigung des Institute for Intercultural Studies / *Seiten 200–207:* Fondation de l'Élysée, Lausanne / *Seite 208:* Martin and Osa Johnson Safari Museum / *Seite 209:* Hulton Archive, Getty Images / *Seite 210:* Filmvorführung: Martin and Osa Johnson Safari Museum. Big Nambas: Hulton Archive, Getty Images / *Seiten 211–212:* Martin and Osa Johnson Safari Museum / Seite *213:* Bettmann, Corbis / Seiten *214–219:* Sammlung Monique Vérité / *Seiten 220–227:* Anita Conti, Agence Vu / *Seiten 228–229:* Mit freundlicher Genehmigung von Miss Vecchio / *Seite 230:* Privatsammlung / *Seite 231:* Postkarte von Hongkong und Opiumhöhle: Privatsammlung. Porträt von Sinmay Zau: Mit freundlicher Genehmigung von Xiachong Shao / *Seiten 232–233:* Mit freundlicher Genehmigung von Miss Vecchio / *Seite 235:* Privatsammlung

Impressum

Titel der französischen Originalausgabe
Elles ont conquis le monde

Koordination: AIO Buch und Bücher, Dr. Günther Fetzer, München
Lektorat: Jens Jendrich
Grafische Gestaltung: Caroline Renouf
Satz: Carmen Marchwinski, München
Lithografie: Reproscan, Italien
Druck: Tien Wah Press, Singapur

Printed in Singapore

ISBN 978-2-08-020067-9
Dépôt legal 8/2008

Flammarion
87, quai Panhard et Levassor
F-75647 Paris Cedex 13

www.editions.flammarion.com

8.